FALKEN-BIOTHEK

Ingrid Gabriel

Gesunde Pflanzen im Biogarten

Biologische Maßnahmen
bei Schädlingsbefall und Pflanzenkrankheiten

FALKEN VERLAG

CIP-Kurztitelaufnahme der Deutschen Bibliothek

Gabriel, Ingrid:
Gesunde Pflanzen im Biogarten:
biolog. Maßnahmen bei Schädlingsbefall
u. Pflanzenkrankheiten / Ingrid Gabriel. –
Niedernhausen/Ts.: Falken-Verlag, 1984.
  (Falken-Biothek) (Falken-Bücherei)
  ISBN 3-8068-0707-8

ISBN 3 8068 0707 8

© 1984 by Falken-Verlag GmbH,
6272 Niedernhausen/Ts.
Titelbild: Ingrid Gabriel
Fotos: Ingrid Gabriel, Wiesbaden;
Toni Angermayer, Holzkirchen;
de Cureland, Norderstedt;
Pflanzenschutzamt, Frankfurt am Main;
Photo-Center, Braunschweig; Eckart Pott;
Dr. H.-G. Prillwitz, Mainz;
Reinhard-Tierfoto, Eiterbach;
Heinz Schrempp, Oberimsingen.
Zeichnungen: Ingrid Gabriel,
Marianne Viertel.
Satz: LibroSatz,
6239 Kriftel bei Frankfurt
Druck: Offset-Team Zumbrink,
Bad Salzuflen

817 2635 4453 6271

Inhalt

Einführung

In der vom Menschen unberührten Natur gibt es keine Schädlinge und Pflanzenkrankheiten. Bei dieser Behauptung lachen Skeptiker hell auf: „Schon früher gab es Borkenkäferbefall", sagen sie.

Was heißt hier früher? War der Wald in Deutschland im 19. Jahrhundert unberührt? Nein, er war es schon lange nicht mehr.

Die wirtschaftliche Nutzung der Wälder können wir bei uns bis 500 v. Chr. zurückverfolgen: Straßenbau, Häuserbau, Schweinezucht, später Rinder-, Schaf- und Pferdezucht, schließlich verstärkte Holznutzung und damit Monokultur. Erst da verlor der Wald seine Geduld beziehungsweise die Borkenkäfer und Nonnenfalter. Ganze Wälder wurden im 19. Jahrhundert das Opfer der Freßgier dieser sich durch begünstigende Bedingungen zu stark vermehrenden Tiere.

Anders war es im Ackerbau. Hier gab es ein instinktives Wissen, das anfangs vor Anbaufehlern schützte. Auch Erinnerungen an noch ältere Zeiten, in denen weise Priester Saat, Pflanzen- und Bodenpflege wie auch die Erntezeit bestimmten, leiteten die Bauern. Man hielt sich an Fruchtwechsel mit einem Brachejahr, hatte genügend preiswerte Arbeitskräfte, die den Boden hacken konnten, und wußte auch noch von Sternkonstellationen, die günstig waren, um bestimmte Insekten zu veraschen und auszustreuen, damit diese die bestreuten Felder mieden.

Unsere Zeit weiß jedoch mit alten Bauernregeln nichts mehr anzufangen. Das instinktive Wissen reichte in einsamen Gegenden noch bis zum Ende des vorigen Jahrhunderts.

Die Menschen des 20. Jahrhunderts waren nach bitteren Erfahrungen mit Insektenbefall und Pflanzenkrankheiten, die in den für den Einsatz von Maschinen so praktischen Monokulturen ganze Ernten zunichte machten, dankbar für Gifte, die Insekten und Pflanzenkrankheiten vernichteten.

Jubel und Stolz erfaßte in den fünfziger Jahren dieses Jahrhunderts die Menschheit: Bald würden alle Schädlinge und Pflanzenkrankheiten auf der ganzen Erde ausgerottet sein. Es war nur noch eine Frage der Zeit.

Bald wurde es still. Wir hatten nicht mit der zähen Natur dieser kleinen Lebewesen gerechnet. Sie entwickelten eine Widerstandsfähigkeit gegen die ihnen zugemuteten Gifte, die höhere Lebewesen längst nicht aufbrachten. Es kam zu einem Circulus vitiosus: Auf größere Resistenz der Schädlinge wurde mit immer mehr Gift geantwortet.

Statt jedoch Insekten, Pilze, Bakterien und Viren, die zu Schädlingen geworden waren, auf ein erträgliches Maß zu reduzieren, rottete man ungewollt höhere Tiere aus, ließ Pflanzen aussterben und reicherte Gift in der Atmosphäre, im Boden, in Pflanzen, Tieren und Menschen an. Das alles ist noch keineswegs Vergangenheit, aber die Einsichtigen nehmen zu.

1981 forderten Wissenschaftler und Fachleute verschiedener UN-Organisationen verstärkte internationale Maßnahmen zum Pflanzenschutz, die im Einklang mit der Umwelt stehen müßten, da Schädlinge, Pflanzenkrankheiten und Unkraut jedes Jahr ein Drittel der Weltnahrungsproduktion vernichten.

Die praktikablen Methoden für den umweltfreundlichen Pflanzenschutz wurden bereits entwickelt, denn es gab schon lange Menschen, die vor den Folgen der Giftbehandlung warnten und Maßnahmen entwickelten, mit denen sie bewiesen, daß es im Bund mit der Natur möglich ist, ohne Gifte auszukommen.

Dafür ist es notwendig, die Naturzusammenhänge zu verstehen. Man muß davon ausgehen, daß bestimmte Insekten, Pilze, Bakterien und Viren zu Schädlingen werden, weil sie günstige Bedingungen für eine übermäßige Vermehrung vorfinden.

Mischkultur,
hier von Zuckerhutsalat,
rote Bete und Stangenbohnen
verhindert Pflanzenkrankheiten
und Schädlingsbefall.

Eine wichtige Voraussetzung für gesunde Pflanzen ist ein guter Boden. Ungünstige Bodenverhältnisse, wie beispielsweise verdichtete, undurchlässige Erde ohne Bodenlebewesen, lassen auch nur schwache Pflanzen wachsen. Wird solch ein Boden dazu noch überdüngt, zum Beispiel mit hohen Stickstoffgaben, so bilden die Pflanzen zarte, in die Höhe schießende Triebe, die idealen Voraussetzungen für die Vermehrung von Blattläusen und anderen Schädlingen.

Größere Monokulturen werden zu einem Tummelplatz für Schädlinge. So ist es gefährlich, nur eine Sorte Gemüse auf mehreren Beeten nebeneinander zu kultivieren. Dazu kommt kurzgeschorener Rasen, auf dessen Einheitsgrün sich keine Nützlinge entwickeln können und auch keine gelockt werden. Auf den Beeten ist alles sauber mit gleichmäßig braunem, sterilen Torf bedeckt, damit sich ja kein Kräutlein hervorwagt. Dann sieht es im Garten zwar sehr ordentlich aus, aber der Vermehrung von freßgierigen Insekten, Pilzen, Bakterien und Viren steht auch nichts mehr im Wege. Voraussetzung für gesundes Wachstum ist im Gegensatz dazu ein tief gelockerter Boden, der im Oberboden mit organischen Stoffen so angereichert ist, daß die Bodenorganismen genügend Nahrung finden, um sich zu vermehren und Humus herzustellen. Dem Schutz von Boden und Bodenorganismen dient die Bodenbedeckung mit organischen Abfällen, wie Laub, Rasenschnitt, Gemüseabfälle oder Baumrindenstücke. Die Kompostbereitung bildet einen wesentlichen Beitrag zur Bodengesundung.

Die Gründüngung sorgt für Beschattung des Bodens, Verbesserung der Bodenstruktur, Abwehr von Schädlingen und Düngung. Besondere Planung dient der Fruchtfolge, bei der sich nacheinander auf derselben Stelle wachsende Pflanzen fördern. Auch welche Pflanzen nebeneinander wachsen, ist nicht gleichgültig. Durch Ausscheidungen können sie andere Pflanzen fördern und Schädlingsbefall verhindern. Bestimmte Kräuter werden zu Tees, Auszügen, Brühen und Jauchen verarbeitet und gegen Schädlingsbefall und Pflanzenkrankheiten angewendet. Auch Sortenwahl, Samenzucht und eigenes Beizen stellen vorbeugende Maßnahmen dar.

Die Förderung von Nützlingen gehört ebenfalls zur Erhaltung eines harmonischen Gleichgewichts. Deshalb sollte auch kein Gartenfreund gleich in Panik ausbrechen, wenn er beispielsweise einige Blattläuse an einem Blatt findet. Die nützlichen Marienkäfer, die Ohrwürmer und die Vögel brauchen sie zum Leben.

Der Garten – ein Organismus

So wie die ganze Erde ein lebendiges Wesen ist, bei dem alle Teile voneinander abhängig sind, so bildet auch ein Garten ein lebendiges Ganzes. Schützende Hecken und Mauern sorgen für ein günstiges Kleinklima, Bodenbedeckung hält den Boden bei gleichmäßigeren Temperaturen, läßt ihn nicht so schnell austrocknen, und die Bodenorganismen gedeihen. Sie sorgen auch im Kompost für Humusnachschub und damit für die Belebung des Bodens. Es wimmelt von vielen Millionen Lebewesen, die alle fressen und gefressen werden. Da finden auch Vögel genügend Nahrung, die sie anlockt.

Alle diese Lebewesen sorgen für Humus, auf dem gesunde, kräftige Pflanzen heranwachsen, die nicht anfällig für Schädlingsbefall und Krankheiten sind. Die Pflanzen wiederum mit ihren Blüten locken Bienen, Hummeln und Schmetterlinge an. Auch sie tragen zur Fruchtbarkeit in unseren Gärten bei.

Wie sorgt man nun im einzelnen für einen Garten, der frei von Schädlingen und Pflanzenkrankheiten ist?

Gesunde Pflanzen durch gesunden Boden

Der wünschenswerteste Zustand des Bodens ist die Bodengare, ein krümeliger, tief lockerer, dunkelbrauner Boden, in dem es von Bodenorganismen, von kleinsten, unsichtbaren Bakterien bis zum bekannten Regenwurm, wimmelt. Diese Bodenlebewesen schaffen in enger Zusammenarbeit die stabilen Ton-Humus-Komplexe, ohne die es keine Fruchtbarkeit gibt.

Bodenbearbeitung und -verbesserung ist deshalb Hilfe für die Bodenlebewesen, die wir dadurch zu unseren eifrigen, kostenlosen Helfern machen und denen wir viele Arbeiten getrost selbst überlassen können, wenn wir für ihre Vermehrung und Erhaltung gesorgt haben.

Rindenmulch, ein guter Humusgrundstoff, hält den Boden feucht und unkrautfrei und fördert das Bodenleben.

So fördert man die Bodengare

⚙ Neu anzulegende oder abgeerntete Beete werden tief gelockert, indem man die obersten 15 cm Boden flach mit der Grabegabel abnimmt, beiseite legt und dann entweder die Grabegabel senkrecht tief in den Boden stößt und den Gabelstiel anschließend hin- und herbewegt ohne umzugraben oder den SZ-Wühler (Sauzahn) kreuz und quer durch den Boden zieht. Dann wird die oberste Bodenschicht wieder aufgetragen.

⚙ In den Oberboden wird im Herbst Gesteinsmehl, Korallalgenkalk (ein organischer Mischdünger) und Mulchkompost oberflächig eingehackt. Mulchkompost wird in etwa 6 Wochen hergestellt und enthält halbverrottete organische Abfälle und ein reges Bodenleben. (Siehe 1. Buch dieser Serie: „So wird mein Garten zum Biogarten.")

⚙ Darauf breitet man eine 10 cm hohe Schicht aus frischen organischen Abfällen wie abgeschnittene Gründüngung, Laub, Rasenschnitt, samenloses gejätetes Unkraut oder grobe Baumrinde aus.

⚙ Ein Algendünger, zum Beispiel Meerwunder, wird darübergestreut. Er ist Nahrung für die Bodenorganismen.

⚙ Zuletzt übersprüht man den so präparierten Boden mit Baldrianblütenextrakt. Er regt die Vermehrung und die Tätigkeit des Regenwurms stark an.

⚙ Im Frühjahr oder wann immer man sonst sofort säen oder pflanzen will, nimmt man statt Mulchkompost reifen, gesiebten Kompost und mulcht dann zwischen den Saatreihen oder sät zuerst eine schnell aufgehende Gründüngungspflanze ein. Ist diese Saat aufgegangen, zieht man Saatreihen oder Pflanzenreihen mit dem Sauzahn und kann dann säen oder pflanzen. So schützt die Gründüngung zuerst den Boden und später die heranwachsenden Kulturen.

⚙ Ist die Gründüngung 10–15 cm hoch, hackt man sie und läßt sie als Mulchdecke liegen.

⚙ Niemals Boden unbedeckt lassen.

⚙ Nicht bebaute Flächen erhalten Gründüngungssaat.

Im biologischen Garten wird Torf nicht geschätzt. Der Biogärtner ist umweltfreundlich und um die Erhaltung der wenigen Hochmoore bemüht, die in wenigen Jahrzehnten vernichtet sein werden, falls Torf in den gleichen Mengen wie zur Zeit abgebaut wird. Verantwortlich für den Raubbau an diesen notwendigen Feuchtgebieten sind Kleingärtner, Gärtnereien und Gartenämter, denn 90% des abgebauten Torfs wandert auf Gartenbeete und in Blumentöpfe.

Torf ist dabei keineswegs ein Bodenverbesserer. Er ist nährstoffarm und versauert den ohnehin durch den sauren Regen schon schwer beeinträchtigten Boden. Torf muß deshalb aufgedüngt werden. Einmal trokken geworden, was bei einem längeren Sommerurlaub leicht passieren kann, nimmt Torf kein Wasser mehr an. Das läßt sich nur mit Alginure Torfbenetzungsmittel beheben. In sandigen Böden zersetzt sich Torf zu schnell, in lehmigen Böden, die leicht unter Luftabschluß leiden, wird er zu Kohle.

Statt des unzureichenden Torfs gibt es Rindenmulch und Rindenhumus. Beide Sorten haben gegenüber Torf alle Vorteile auf ihrer Seite. Das Ausgangsmaterial ist Baumrinde, die in Sägewerken in großen Mengen abfällt.

Beim Rindenmulch handelt es sich um zerkleinerte, nicht fermentierte Baumrinde ohne jeden Zusatz. Die wachstumshemmenden Wirkstoffe der Rinde, wie Harze, Tannine und Phenole, verhindern, daß Wildkräuter aufkommen. Unkrautbekämpfung fällt weg, ebenso die Bodenbearbeitung. Der Boden darunter bleibt feucht, das Bodenleben wird gefördert und die Mulchschicht hält 3–4 Jahre vor und ist ein guter Humusgrundstoff.

Rindenhumus macht eine mehrmonatige Gärung in Freilandmieten unter Zusatz von Stickstoff durch. Er ist reich an den Hauptnährstoffen Stickstoff, Phosphor, Kali, an Kalk und Magnesium und enthält zahlreiche Spurenelemente.

Wie bester Kompost hat er einen hohen Anteil an Mikroorganismen, versauert den Boden nicht und sorgt für eine gute Krümelstruktur. Rindenhumus wird nur leicht in die obere Bodenschicht eingearbeitet und wirkt als Langzeitdünger, da er sich nur langsam zersetzt. Auf 100 m^2 Boden braucht man nur 140 Liter Rindenhumus auszubringen, dagegen 300 Liter Torf, ohne mit diesem die gleiche Wirkung zu erzielen.

Anbaumethoden vertreiben Schädlinge

Auf einem sich selbst überlassenen Stück Erde, ja sogar auf einem nährstoffarmen Schuttplatz siedeln sich sogleich bunt gemischt Pflanzen an, die nur miteinander gemeinsam haben, daß sie denselben Boden brauchen.

Die sich einfindenden Pflanzen ergänzen sich gegenseitig. Sie keimen, wachsen, blühen und fruchten zu verschiedenen Zeiten. Ihre verwesenden Pflanzenreste bedecken den Boden und bilden bald die organischen Grundsubstanzen für die Ernährung der Bodenorganismen, die in kurzer Zeit fruchtbaren Humus bereiten. Die kleinen Wurzeln in der Streckungszone des Wurzelwerks der Pflanzen holen sich die nötigen Nährstoffe.

Beim Anbau von Kulturpflanzen nehmen wir uns das Verhalten der Wildpflanzen als Vorbild und helfen nach. Kulturpflanzen sind auf Einseitigkeiten hin gezüchtet. Bei Salat, Mangold, Spinat oder Kohl kommt es auf eine möglichst große Blattmasse an.

Von Möhren verlangen wir dicke Wurzeln. Diese Eigenschaften gilt es immer wieder zu fördern, was wir mit Kompost, Dünger und Bodenbedeckung zu erreichen suchen. Hier ahmen wir die Abbauvorgänge bei verwesenden Pflanzen in der Natur nach, erhöhen aber die Mengen.

Kompost wird aus allen organischen Abfällen, die in Garten und Haus anfallen, bereitet. Je härter sie sind, desto zerkleinerter kommen sie in die Kompostmiete oder den Silo. Die organischen Stoffe werden gut gemischt in Schichten von bis zu 25 cm aufgehäuft. Dann wird Korallalgenkalk darübergestreut. Er ist in den meisten Fällen gegenüber anderen Kalksorten zu bevorzugen, weil er Eisen, Magnesium und viele Spurenelemente enthält.

Dazu streut man ein Gesteinsmehl, Tonmineral und einen organischen Dünger.

Wichtig ist vor allem, wenn man Kompost zum erstenmal oder an einem neuen Platz bereitet, daß man einen Kompoststarter verwendet. Er besteht aus verschiedenen Mischungen von zerstoßenen Kräutern, Gesteinsmehl, Tonmineralen, organisch gebundenen Kohlenstoffen, Stickstoff, Bodenorganismen und Honig.

Betreibt man Kompostwirtschaft schon mehrere Jahre, und ist der Boden voller Bodenorganismen, kann man auf den Kompoststarter verzichten und zwischen

Kompost ist eine wichtige Voraussetzung für einen gesunden Boden.

die Abfallschichten ein paar Hände Gartenerde streuen.

Damit sich die Zutaten gleichmäßig verteilen, klopft man die Schicht mit der Grabegabel. Dann streut man etwas Gartenerde darüber und schichtet eine nächste Lage auf, bis der Komposthaufen etwa 1,50 m hoch ist. Falls das Kompostmaterial nicht schon feucht ist, überbraust man es mit abgestandenem Wasser, dem man Baldrianblütenextrakt zusetzen kann, und deckt dann den Kompost mit einer dickeren Erdschicht, Rasenschnitt, Stroh, Herbstlaub oder Säcken ab. Er muß warm gehalten werden, aber von Luft durchzogen werden können, sonst fängt die aufgesetzte Masse an zu faulen. Auch bei zuviel Wasser, das die Luftzwischenräume abdichtet, besteht die Gefahr, daß der Kompost in Fäulnis übergeht. In solch einem Fall muß man ihn umsetzen und neues Kompostmaterial dazwischenmischen.

Nach 6 Wochen kann man den Kompost unter günstigen Bedingungen, das heißt, wenn er im Sommer aufgesetzt wurde, es warm war und es an Feuchtigkeit und Luftzufuhr nicht mangelte, schon als Mulchkompost auf Obstbaumscheiben, unter Sträuchern und im Herbst auf abgeernteten Beeten verteilen, ohne ihn jedoch unterzugraben.

Für Saatrillen und Pflanzungen braucht man reifen, gesiebten Kompost. Er ist erst nach einem halben Jahr gebrauchsfertig; wenn er im Herbst aufgesetzt wurde, dauert seine Herstellung länger.

Beim Aufsetzen mit Dünger angereicherter Kompost ist jedem anderen Dünger vorzuziehen.

Auf einem Boden, der schon mehrere Jahre nach diesem Prinzip behandelt wird, kann auch Flächenkompostierung gemacht werden. Dabei bedeckt man den Boden wie bei der Bodenbedeckung mit organischen zerkleinerten Abfällen und streut Kompoststarter und Kalk dazu. Auch die anderen in Kompostmieten eingestreuten Dünger können verwendet werden.

So wie in der Natur der Boden stets bedeckt ist, soll auch Gartenboden immer unter einer organischen Schicht von etwa 10 cm Dicke liegen. Das fördert die Arbeit und Vermehrung der Bodenorganismen und setzt den Boden nicht den extremen Temperaturen aus, die sich bei Sonnenschein am Tag und in kalten Nächten ergeben können. Auch auf Beeten sorgt man für Bodenbedeckung. Zwischen- oder Unterpflanzungen sind hier aber ebenfalls günstig.

Wie in der Natur, wo nicht alle nebeneinander wachsenden Pflanzen gleichzeitig blühen und fruchten, soll es auch im Garten sein. Im Ziergarten wählt man die Pflanzen so aus, daß höhere mit niedrigeren und ganz niedrigen kombiniert werden. Dabei sollen die Pflanzen je Beet nach Süden hin kleiner werden, damit sie sich nicht gegenseitig das Licht rauben. Sonne liebende Pflanzen kümmern im Schatten dahin, wodurch Schädlingsbefall und Pflanzenkrankheiten gefördert werden. Für die Nordseite von Beeten und Häusern eignen sich nur solche Pflanzen, die Schatten vertragen. Sie sind nicht sehr zahlreich.

Folgende Zierpflanzen bevorzugen schattige Plätze: Immergrün, die kriechende Felsenmispel, Maiglöckchen, Primel, Christrose, Tränende Herzen, Goldrute und der Felsenteller, ein Relikt der Tertiärzeit, das sich in den Pyrenäen erhalten hat und am besten in senkrechten Mauerfugen gedeiht.

Bei der Gemüsemischkultur sind mehrere Faktoren zu beachten. Auf dem frisch vorbereiteten, gut mit düngerhaltigem Kompost versehenen Beet wird zunächst ein Gemüse kultiviert, das einen besonders nährstoffreichen Boden braucht. Zu diesen sogenannten Starkzehrern gehören neben Gurken und Sellerie alle Kohlarten außer Grünkohl, Rosenkohl und spät angebaute Kohlrabi.

Gemüsepflanzen, die weniger Nährstoffe verlangen, aber ebenfalls einer Gabe Kompost bedürfen, sind alle Blattgemüse, wie grüne Salate (Kopf-, Schnitt- und Endiviensalat), Mangold und Spinat, außerdem Zwiebel, Lauch und Knoblauch, Möhre, rote

Bete, Radieschen, Rettich, Rosenkohl und Zuckermais.

Erdbeeren und Beerensträucher brauchen bei der Neupflanzung zwar auch einen nährstoffreichen, aber keinen frisch gedüngten Boden. 8 Wochen nach der Pflanzung erhalten sie Urgesteinsmehl, Algendünger, Korallalgenkalk und kalifornischen Trockenrinderdung oder einen Spezialmischdünger für Erdbeeren.

Auch Rhabarber und Tomaten verlangen nährstoffreichen, humushaltigen Boden; beide Pflanzen wechseln jedoch ihren Standort nicht. Rhabarber ist nämlich mehrjährig, während Tomaten ihren selbst zubereiteten Boden lieben. Deshalb macht man auch mit dem Herbstlaub der Tomaten an Ort und Stelle Flächenkompost.

Die Schwachzehrer Feldsalat, Grünkohl, Mairüben und Pastinaken lieben nur eine Gabe reifen Kompost und stehen in zweiter Tracht.

Eine besondere Stellung nehmen Kräuter ein. Im Gemüsegarten kommen Pflanzen selten zum Blühen. Hier sorgen ein- und mehrjährige Kräuter für Belebung und aromatische Düfte, die oft sogar fördernd auf die Nachbarn Gemüse wirken. So ist beispielsweise bekannt, daß Dill, Rosmarin, Salbei, Pfefferminze oder Beifuß den Kohlweißling von Kohl und Bohnenkraut, das man ohnehin für Bohnengerichte braucht, die Bohnenblattlaus von Bohnen fernhält. Blühende Kräuter sind nebenbei eine gute Bienenweide.

Als Randpflanzung verwendet man vor allem auf der Südseite der Beete gern Sonnenblumen, Hanf und Mais. Sie beschatten das Gemüse zur Mittagszeit. Hanf wirkt mit seinem eigentümlichen Duft abschreckend auf Kohlweißlinge. Sonnenblumen ziehen Meisen an, die um die Sonnenblumen herum auf Insektenjagd gehen. Anspruchslose, bodenschonende Pflanzen sind alle Bohnen, da ihre Wurzeln in Symbiose mit Knöllchenbakterien leben und Luftstickstoff in den Boden bringen. Auch Gartenkresse ist anspruchslos und vertreibt als Randpflanzung Blut- und Blattläuse.

Bohnen werden oft als Vor- oder Zwischenfrucht gepflanzt, da sie für die Erhöhung des Stickstoffgehalts im Boden sorgen.

Als Zwischenfrucht eignen sich Leguminosen, wie Stangenbohnen, Buschbohnen, Sau- oder Sojabohnen und Erbsen, besonders für die Erholung des Bodens nach Starkzehrern. Die Leguminosen sorgen nämlich nicht nur für den erhöhten Stickstoffgehalt des Bodens. Die Wurzeln einjähriger Leguminosen (wie Erbsen und Bohnen) reichen bis zu 60 cm tief in den Boden. Sie befördern ausgewaschene oder verbrauchte Nährstoffe, vor allem Kalk, wieder zum Oberboden herauf. Gründüngungsleguminosen wie die mehrjährige Luzerne und Esparsette haben sogar 2 m lange Wurzeln.

Nun ist es für die Schädlingsabwehr und die Verhinderung von Pflanzenkrankheiten nicht nur wichtig, in welcher Reihenfolge gesät und gepflanzt wird, sondern auch, welche Pflanzen nebeneinander stehen, also die Mischkultur. Die nachstehende Tabelle zeigt, welche Pflanzen sich aus verschiedenen Gründen fördern.

Der buntgemischte Biogarten mit Blumen und Gemüse kommt dem anheimelnden Bauerngarten im Aussehen nahe.

Gemüsepflanzen, die sich gegenseitig fördern

Bohnen (alle Arten): Bohnenkraut, Gurken, Kartoffeln, Kohl (alle Arten), Kopfsalat, Mais, Möhren (Karotten), Porree, Bete, Schnittsalat, Sellerie, Tomaten

Brokkoli: Gartenkresse, Sellerie

Chicorée: Fenchel, Kopfsalat, Möhren, Tomaten

dicke Bohnen (Sau-, Pferdebohnen): Kartoffeln, Kohlrabi, Pflücksalat, Schwarzwurzeln, Spinat

Endivien: Fenchel, Kohl (alle Arten), Porree, Stangenbohnen

Erbsen: Dill, Fenchel, Gurken, Kohl (alle Arten), Kopfsalat, Mais, Möhren, Zucchini

Erdbeeren: Buschbohnen, Borretsch, Gartenkresse, Knoblauch, Kopfsalat, Porree, Radieschen, Rettich, Schnittlauch, Spinat, Zwiebeln

Fenchel: Chicorée, Endivien, Erbsen, Feldsalat, Gurken, Kopfsalat, Radicchio

Gurken: Basilikum, Bohnen (alle Arten), Dill, Erbsen, Fenchel, Kohl, Kopfsalat, Koriander, Kümmel, Mais (am Beetrand oder auf dem Nachbarbeet), rote Bete, Schnittsalat, Sellerie, Zwiebeln

Kartoffeln: dicke Bohnen, Kapuzinerkresse, Knoblauch, Kohl (alle Arten), Kümmel, Mais, Meerrettich, Melde (Garten- und Wilde Melde), Pfefferminze, Spinat, Tagetes

Knoblauch: Erdbeeren, Gurken, Himbeeren, Lilien, Möhren, Obstbäume, Petersilie, Rosen, rote Bete, Tomaten, Tulpen

Kohl (alle Arten): Beifuß, Bohnen (alle Arten), Dill, Endivien, Kamille, Kartoffeln, Koriander, Kopfsalat, Kümmel, Pfefferminze, Porree, rote Bete, Schnittsalat, Sellerie, Spinat, Tomaten

Kopfsalat: Dill, Erbsen, Erdbeeren, Fenchel, Gartenkresse, Gurken, Kerbel, Kohl (alle Arten), Mais, Möhren, Pfefferminze, Porree, Radieschen, rote Bete, Spargel, Tomaten, Zwiebeln

Mais: Bohnen (alle Arten), Gurken, Kartoffeln, Kopfsalat, Kürbis, Melonen, Tomaten, Zucchini

Mangold: Kohl (alle Arten), Möhren, Radieschen, Rettich

Meerrettich: Kartoffeln, Obstbäume

Möhren (Karotten): Dill, Erbsen, Knoblauch, Majoran, Mangold, Porree, Radicchio, Radieschen, Rettich, Rosmarin, Salbei, Schnittlauch, Schnittsalat, Schwarzwurzeln, Tomaten, Zwiebeln

Porree: Erdbeeren, Endivien, Kamille, Kohl (alle Arten), Kopfsalat, Möhren, Petersilie, Sellerie, Schwarzwurzeln, Tomaten

Radicchio: Fenchel, Kopfsalat, Möhren, Stangenbohnen, Tomaten

Radieschen, Rettich: Bohnen (alle Arten), Erbsen, Erdbeeren, Gartenkresse, Kapuzinerkresse, Kohl (alle Arten), Kopfsalat, Mangold, Möhren, Petersilie, Schnittsalat, Spinat, Tomaten, Zwiebeln

rote Bete, rote Rüben, Randen: Dill, Gartenkresse, Gurken, Knoblauch, Kohl (alle Arten), Kopfsalat, Koriander, Kümmel, Schnittsalat, Zuckerhutsalat, Zwiebeln

Schwarzwurzeln: dicke Bohnen, Kohlrabi, Kopfsalat, Porree, Schnittsalat

Sellerie: Bohnen, Gurken, Kamille, Kohl (Blumenkohl), Porree, Tomaten

Sonnenblumen: Gurken

Spargel: Gurken, Kopfsalat, Petersilie, Schnittsalat, Tomaten

Spinat: Erdbeeren, Kartoffeln, Kohl (alle Arten), Radieschen, Rettich, rote Bete, Schnittsalat, Stangenbohnen, Tomaten (eignet sich für fast alle Gemüsearten zur Mischkultur und als Vorfrucht)

Tomaten: Basilikum, Chicorée, Kapuzinerkresse, Knoblauch, Kohl (alle Arten), Kopfsalat, Mais, Petersilie, Porree, Radieschen, Rettich, rote Bete, Schnittsalat, Sellerie, Spinat

Zucchini: Kapuzinerkresse, Mais, Stangenbohnen, Zwiebeln

Zwiebeln: Dill, Bohnenkraut, Erdbeeren, Gurken, Kamille, Kopfsalat, Möhren, rote Bete, Radieschen

Aus dieser Tabelle lassen sich verschiedene Gemüsemischkulturen zusammenstellen. Hier sei nur ein Beispiel gebracht.

Im Herbst wurde das Beet gut mit Kompost versorgt, dem bei der Kompostbereitung Dünger hinzugefügt worden waren. Darauf wurde Senf gesät, der im Winter abgefroren war und als Mulch liegenblieb. So ist das Beet sehr gut für die Gemüsekultur vorbereitet. Nun läßt sich der als Saat und Keimling nicht frostempfindliche Spinat als Vorfrucht in 3 Reihen aussäen.

Damit Beete gut bearbeitet werden können, wählt man vorzugsweise eine Beetbreite von 1,20 m.

Zwischen den Spinat werden ebenfalls Anfang März 2 Reihen Schnittsalat gesät. Ende Mai wird die mittelste Reihe Spinat abgeerntet, und dort werden nach den Eisheiligen im Abstand von 80 cm Tomaten gepflanzt. Mitte April kann zwischen die Tomaten etwas Basilikum gesät, Ende Juni zwischen die äußeren Reihen Spinat und Salat, die fast abgeerntet sind, eine Reihe Weiß- oder Rotkohl gepflanzt werden.

Auf Lücke zu den Kohlpflanzen setzt man Mitte August an die Beetränder Kopfsalat. Zwischen dem Kopfsalat finden einige Samen des Kerbels Platz. Kerbel regt den Stoffwechsel an und schützt den Salat vor Schnecken, Ameisen und Läusen.

Saatgut entscheidet mit

Bei der Schädlings- und Krankheitsabwehr kann es entscheidend sein, welches Saatgut verwendet wird. Es gibt Firmen, die auf biologischer Grundlage gewonnene Sämereien anbieten. Diese sollten bevorzugt werden. Steht in diesem Rahmen nicht jede gewünschte Pflanzenart zur Verfügung, so sollte man immer von derselben Firma kaufen, wenn man mit deren Saatgut zufrieden war.

Unbiologisches Saatgut behandelt man vorbeugend mit einem Kamillensaatbad. Dafür brüht man Kamillentee (1 gehäufter Teelöffel Kamillenblüten übergießt man mit 1 Tasse kochendem Wasser). In den nach 2 Minuten abgeseihten und auf 50° Celsius abgekühlten Kamillentee streut man den Samen und rührt mit einem Holzstab 10 Minuten lang kreisend um. Sobald ein Trichter entsteht, wechselt man die Richtung. Danach seiht man den Samen

Erntereifer Brokkoli.

Blühender Brokkoli für die Samengewinnung.

durch ein Baumwoll- oder Leinentuch. Nach gründlichem Abtropfen bindet man das Tuch mit dem Sameninhalt ab und läßt den kleinen Beutel 2–3 Stunden in leicht feuchter Erde liegen. Dann sät man sofort aus.

Es hat sich vielfach bewährt, Samen aus Pflanzen im eigenen Garten zu gewinnen. Dabei ist darauf zu achten, daß nicht von einer Hybridsorte ausgegangen wird, weil diese sich in der folgenden Generation wieder in die beiden Ausgangssippen aufspalten kann.

Die Samengewinnung macht sehr viel Freude und bringt wenig Mühe. Von Blumen, Erbsen und Bohnen läßt man einen Teil der kultivierten Pflanzen auf dem Beet stehen. Für die Samengewinnung sucht man die kräftigsten und absolut gesunde Pflanzen aus. Man wartet ab, bis die Samen ganz ausgereift und die Hülsen getrocknet sind. Ehe die Samenkapseln aufspringen, erntet man diese bei warmem, trockenem Wetter und bewahrt sie an einem trockenen und luftigen Ort auf. Erst vor der Aussaat im nächsten Jahr entnimmt man den Kapseln die Samen.

Fleischige Früchte, wie Gurken, Melonen oder Tomaten, läßt man ganz ausreifen, ehe man sie von der Pflanze abnimmt. Auch diesmal müssen die zur Samengewinnung ausgesuchten Pflanzen kräftig und gesund sein. Die reifen Früchte läßt man so lange an einem trockenen, warmen Ort liegen, bis sie fast zu faulen beginnen. Erst dann schabt man die Samen aus den Pflanzen heraus und wäscht sie gründlich in Biosmonwasser, um den Samen von allen Fruchtfleischresten zu befreien. Auf einer saugfähigen Unterlage wird der Samen zuletzt an einem warmen, luftigen und schattigen Platz getrocknet.

Knollenfenchel ist mehrjährig. Deshalb macht man im Herbst eine Laubabdeckung gegen Frost und erntet im nächsten Jahr den Samen.

Um Kohlsamen zu gewinnen, darf man in dem betreffenden Sommer nur die Kohlart pflanzen, deren Samen gewünscht wird, denn Kohl neigt zu Bastardbildung. Die festesten Kohlköpfe läßt man im Frühbeet überwintern und pflanzt sie im nächsten Jahr wieder aus. Die Samenstengel muß man abstützen.

Es gibt eine Reihe von Pflanzen, die Schädlingsbefall oder Pflanzenkrankheiten bei Nachbarpflanzen verhindern. Das hängt mit Ausscheidungen der Pflanzen, den Phytonziden, zusammen.

Kapuzinerkresse vertreibt Blutläuse und fängt schwarze Bohnenblattläuse.

Springwolfsmilch vertreibt Wühlmäuse.

Pflanzen vertreiben Schädlinge

(Fangpflanzen sind hervorgehoben)

Schädling	Gesundende Pflanze oder Pflanzengemeinschaft
Ameisen	Lavendel oder Majoran unter Rosen, in Staudenrabatten und Erdbeerbeeten sowie Geranien, Feldsalat und Gartenkresse pflanzen.
Blattläuse	Lavendel neben Rosen und Margeriten, Gartenkresse neben Brokkoli pflanzen. Als Fangpflanzen Brennesseln unter Obstbäume und Schwarzer Holunder.
Schwarze Bohnenläuse	Bohnenkraut neben Bohnen; als Fangpflanzen Kapuzinerkresse, Ringelblume und dicke Bohne (Vicia faba).
Blutläuse	Kapuzinerkresse unter Apfelbäume pflanzen.
Erbsenwickler	Mischkultur mit Möhren, Senf, Calendula, vor allem mit Tomaten.
Erdbeerblütenstecher	Mit Farnkraut im frühen Frühjahr und auch schon nach der Ernte mulchen.
Erdflöhe	Mischkultur von Schnittsalat und Gurken mit Tomaten, deren Geruch Insekten abweist. In Mischkultur halten Busch- und Stangenbohnen Radieschen und Rettich vom Erdfloh frei. Kopfsalat, Pfefferminze und Wermut zwischen Rettich und alle Kohlarten.
Erdraupen	Farnkraut zwischen die Pflanzen legen.
Fliegen	Basilikum und Rainfarn pflanzen; Walnußbaum in der Nähe von Sitzecken und Terrassen.
Pflaumengespinstmotten	Weißdorn als Fangpflanze.
Kartoffelkäfer	Meerrettich und Taubnessel am Rand von Kartoffelbeeten pflanzen.
Kohldrehherzgallmücken	Mischkultur mit Tomaten.
Kleine Kohlfliegen	Gründüngung mit Schmetterlingsblütlern (Klee), mit Farnkraut mulchen, Mischkultur mit Tomaten.
Kohlgallenrüßler	Bodenbedeckung mit Farnkraut und anderen stark riechenden Kräutern.
Kohlweißlinge	Dill und Hanf als Randpflanzung. Tomaten, Lauch, Sellerie, Rosmarin, Thymian, Pfefferminze und Beifuß zwischen Kohlpflanzen.
Lauchmotten	Mischkultur mit Möhren, Sellerie, Petersilie und Wurzelpetersilie, Dill und Kamille.
Möhrenfliegen	Mischkultur mit Zwiebeln, Knoblauch, Lauch hält Möhrenfliegen fern. Rainfarn, Dill, Lavendel, Farnkraut zwischen die Saatrillen legen.

Nematoden	Tagetes und Calendula, zwischen die Gemüsepflanzen gesetzt, weisen Nematoden ab. Kamille als Zwischensaat hält Pflanzen im Umkreis von 90 cm nematodenfrei. Senf als Voraussaat im Frühjahr, als Gründüngung im Herbst.
Schnecken	Senf, Kerbel, Gartenkresse, Brennesseln als Beetumpflanzung; Farnkraut als Mulchdecke.
Wühlmäuse	Rote Kaiserkrone, Hundszunge, Wolfsmilchgewächse beispielsweise Springwolfsmilch, Narzisse ‚La Riante‘, Knoblauch, Steinklee anpflanzen. Als <u>Fangpflanzen</u> Topinambur und Schwarzer Holunder. Knoblauch, Walnußbaumblätter, Zierwacholderschnitt und Thuja in die Wühlmausgänge legen.
Zwiebelfliegen	Mischkultur mit Möhren.

Lavendel hält Blut- und Blattläuse von Rosen ab.

Pflanzen verhindern Pflanzenkrankheiten

Krankheit	Gesundende Pflanze oder Pflanzengemeinschaft
Blattfleckenkrankheit an Sellerie	Mischkultur mit Tomaten und Lauch.
Blattfleckenkrankheit an Erdbeeren Grauschimmelfäule an Erdbeeren	Knoblauch zwischen Erdbeeren pflanzen.
Gummifluß	Fingerhut unter Kirschbäume.
Kraut- und Knollenfäule	Hanf als Randpflanzung bei Kartoffeln.
Kohlhernie	Gründüngung, aber nicht mit Kreuzblütlern, sondern mit Klee oder anderen Schmetterlingsblütlern; Mischkultur mit Zwiebeln und Lauch.
Kräuselkrankheit	Kapuzinerkresse und Knoblauch unter Pfirsichbäume.
Mehltau, Echter	Knoblauch, Zwiebeln, Schnittlauch unter Obstbäume, zwischen Sträucher und Stauden.
Stachelbeermehltau	mit Farnkraut mulchen.
Monilia	Meerrettich unter Kirschbäume pflanzen.
Johannisbeerrost	Auf 4–5 Johannisbeersträucher 1 Staude Wermut anpflanzen.
Rosenrost	Knoblauch zwischen Rosen pflanzen.
Schrotschuß	Zwiebeln und Knoblauch unter Kirsch- und Pfirsichbäume pflanzen.
Sternrußtau	Knoblauch zwischen Rosen pflanzen; Senf unter Rosen nicht höher als 25 cm werden lassen, dann abrupfen oder abschneiden und als Mulchdecke liegen lassen.

Farnkraut.

Biologische Spritz- und Gießmittel

Im biologischen Garten- und Landbau werden zur Stärkung der Pflanzen, zur Regeneration und Belebung des Bodens, aber auch gegen Schädlingsbefall und Pflanzenkrankheiten Zubereitungen aus Kräutern eingesetzt.

Man verwendet Tees, die auch aus der Heilkunde bekannt sind: Die meisten Kräuter werden mit kochendem Wasser überbrüht und 1–3 Minuten ziehen gelassen. Dann gießt man den jeweiligen Tee durch ein Sieb und läßt ihn abkühlen.

Mengenangaben und Besonderheiten in der Zubereitung sind in der nachfolgenden Tabelle enthalten.

Auszüge werden folgendermaßen hergestellt: Die Kräuter läßt man 8–12 Stunden in kaltem Wasser ziehen. Danach werden die Auszüge durch ein Sieb gegossen und ausgespritzt.

Kräuterbrühen werden ebenfalls mit kaltem Wasser angesetzt. Nach 24 Stunden kocht man die Kräuter mit dem Wasser bei mäßiger Hitze ½ Stunde, um die Brühen dann durchzusieben und erkalten zu lassen.

Kräuterjauchen haben deshalb den Namen Jauche, weil ihr Geruch dem der tierischen Jauche gleicht. Sie werden nicht nur zum Spritzen gegen Schädlingsbefall und Pflanzenkrankheiten angewandt, sondern auch als wertvoller Flüssigdünger, der vor allem in der Hauptvegetationszeit regulierend auf das Wachstum der Pflanzen wirkt. Mit Pflanzenjauchen muß vorsichtig umgegangen werden, da Verbrennungen an den Wurzeln oder auch Geilwuchs auftreten können. Jauchen sind immer zu verdünnen, eher zuviel als zuwenig.

Pflanzenjauchen können auch mit anderen Düngern gemischt werden. Will man einen stärkeren Dünger herstellen, können Horn-, Blut- oder Knochenmehl, aber auch alle drei Dünger, ebenso Gesteinsmehl, Kompoststarter, Algendünger oder ein wenig tierischer Dung untergerührt werden.

Zur Geruchsverbesserung fügt man einige Tropfen Baldrianblütenextrakt und etwas Gesteinsmehl hinzu. Für die Verwendung als Spritzmittel empfiehlt sich wegen der besseren Haftung auf der Pflanze eine Beigabe von Alginure-Verdunstungsschutzspray oder etwas Tonerdemehl.

Für die Zubereitung der Jauchen braucht man Gefäße. Am besten geeignet sind solche aus Holz, Email, Ton oder Steingut. Plastikbehälter aus Polyäthylen sind ebenfalls verwendbar.

Ältere Plastikbehälter können aus Polyvinylchlorid bestehen. Sie geben ständig Chlor ab und sind ungeeignet.

Plastikgefäße lassen sich auf ihre Eignung testen, indem man sie über einige höherwachsende Kräuter stülpt und an einer Seite einen Stein unter den Rand legt, damit die Luftzufuhr nicht behindert wird. Die Kräuter müssen das Gefäß berühren. Werden die berührten Blätter nach einiger Zeit gelb, ist der Behälter ungeeignet.

Metallgefäße gehen schädliche chemische Verbindungen mit der Jauche ein.

Gesammelte Kräuter aus dem eigenen Garten oder vom Feld- oder Waldrand werden in das Gefäß gelegt. Brennessel pflückt man mit Gartenhandschuhen. Man muß die Pflücklandschaft allerdings gut kennen, denn mit chemischen Mitteln behandelte Kräuter ergeben giftige Brühen.

Frische oder getrocknete Kräuter werden mit Wasser, dem man Biosmon beigegeben hat, angesetzt. Das Gefäß darf nicht ganz gefüllt werden, da Jauche gärt. Beim täglichen Umrühren, das wegen der Durchlüftung wertvoll ist, schäumt Jauche während der Gärungszeit auf.

Die Öffnung der Jauchetonne bedeckt man mit einem verzinkten Draht- oder Holzrost, damit kleine Tiere nicht in die Jauche fallen.

Die Jauchetonnen sollen während der Gärungszeit an einem warmen Ort stehen. Wärme beschleunigt die Jaucheherstellung. Die Gärung setzt meist nach 3 Tagen ein und dauert etwa 2 Wochen. Schäumt die Jauche nicht mehr, und hat sie eine dunkle Farbe angenommen, dann ist sie fertig.

Die Menge, die für die jeweilige Spritzung oder Düngung gebraucht wird, siebt man ab, damit Spritzgeräte und Gießkannen nicht verstopfen. Die vorteilhafteste Verdünnung ist der Tabelle auf Seite 24 zu entnehmen.

Brennesselzubereitungen fördern, auf den Boden gespritzt, die Regenwurmvermehrung und -tätigkeit. Auf die Pflanzen gesprüht sorgt die Brennessel für kräftige Blattfärbung. Verwendet wird das ganze Kraut. Es darf auch blühen, aber noch nicht in die Samenbildung eingetreten sein. Brennesselzubereitungen sind preiswert und wirken heilend und fördernd.

Beinwell ist sehr stickstoff-, eiweiß- und kalihaltig. Diese Pflanze übt verjaucht eine heilende und fördernde Wirkung auf alle Pflanzen aus, besonders auf Tomaten. Von dem besonders kieselhaltigen Schachtelhalm wird der Sommerwedel gesammelt und so zubereitet, daß er zuerst 20 Minuten bei mäßiger Hitze gekocht, anschließend fünffach verdünnt und dann verjaucht wird.

Farnkrautauszug von Wurm- oder Adlerfarn stellt man in einer Flasche her, die man mit grob geschnittenen Blättern füllt und mit biosmonhaltigem Wasser übergießt.

Das vielfach empfohlene Regenwasser für die verschiedenen Kräuterzubereitungen ist heute bedenklich. Man prüfe vor allem seinen pH-Wert. Dieser kann durch Biosmon oder etwas fertige Pflanzenjauche angehoben werden. Er sollte dem pH-Wert entsprechen, den die zu behandelnden Pflanzen brauchen (Näheres zum pH-Wert siehe „So wird mein Garten zum Biogarten" in dieser Serie).

Spritzungen nimmt man allgemein nicht im Mittagssonnenschein vor. Die kleinen Tropfen auf den Blättern wirken dann wie Brenngläser. Auch spritzt man nicht in die Blüten, da zuviel Feuchtigkeit sie frühzeitig vergehen läßt. Nur bei Gefahr von Monilia wird direkt in die Blüte gesprüht.

Tees von stark duftenden Labiaten auf Ameisenlaufstraßen gegossen vertreiben die an sich nützlichen Tiere.

Rhythmisches Spritzen bedeutet, daß an mehreren Tagen hintereinander oder in Abständen von immer der gleichen Anzahl von Tagen mehrmals zur gleichen Uhrzeit gespritzt wird. Das hat eine besonders gute Wirkung auf Pflanzen und Boden.

Auch Mischungen von Kräutern dienen als Spritz- und Düngemittel. So erreicht man gleichzeitig mehrere Wirkungen oder vermehrt die Inhaltsstoffe.

Da man während einer Wachstumsperiode zur Bereitung von Tomatenauszug oder -jauche sicher keine Pflanzen opfern will, nimmt man Geize, die ohnehin meist entfernt werden. Geize sind Triebe aus den Blattachseln. Läßt man sie alle wachsen,

Brennesselansatz.

kann die Tomatenpflanze an Kraft verlieren und zuwenig und zu kleine Tomaten entwickeln. Nur wenn Tomaten an Gittern, die den Pflanzen genügend Halt geben, gezogen werden, kann man die Geize wachsen lassen. Die Tomatenpflanzen müssen dann außerdem regelmäßig gedüngt und die Haupt- und Seitentriebe rechtzeitig entspitzt werden, damit sie reich tragen.

Die Beachtung kosmischer Rhythmen und Konstellationen bei der Zubereitung und Ausbringung von Kräuterpräparaten kann die Wirkung der angewendeten Mittel erhöhen. Die Forschungen in dieser Richtung verdanken wir vor allem Maria Thun, die durch Erkenntnisse Rudolf Steiners, dem Begründer der Anthroposophie, zu ihren Arbeiten angeregt wurde. (Ausführungen zu den verschiedenen Garten- und Landbaumethoden siehe „Die Neuanlage eines Biogartens", ebenfalls in dieser Reihe.) Die erfahrene Forscherin berichtet beispielsweise, daß in Zeiten, in denen Vollmond und Erdnähe des Mondes dicht beieinander liegen, Pilzbefall verstärkt auftritt. Saatgut erntet man an trockenen Fruchttagen, die im jährlich erscheinenden Aussaatkalender von Maria Thun angegeben sind. An Blattagen oder zu ungünstigen Zeiten geerntetes Saatgut wird im Jahr darauf besonders stark von Pilzen befallen. Pilzbefall rührt oft jedoch auch daher, daß der Boden falsch gedüngt oder frischer Dünger zu tief in den Boden gegeben wurde. Pilze bauen absterbendes Leben im Boden ab. Das ist ihre Aufgabe. Kommen geschwächte Samen in den Boden, fallen sie den Pilzen zum Opfer. Gehen im Boden starke Abbauprozesse durch Pilze vor, kann das Pilzleben über den Boden hinausgetragen werden und dann auch die oberirdischen Pflanzenteile befallen.

Maria Thun empfiehlt, neben öfterem Hacken des Bodens gegen Abend, Tee des Schachtelhalms, der ebenfalls abends fein auf Pflanzen und Boden versprüht wird (10 g auf 10 l Wasser, 20 Minuten gekocht, unverdünnt). Am nächsten Morgen spritzt

man zusätzlich stark verdünnte Brennesseljauche (1 l Jauche auf 9 l Wasser). Alle Pflanzen werden grundsätzlich in Wachstum und Gesundheit gefördert, wenn man zu den richtigen Saat- und Pflanzzeiten sät und pflanzt. Weder Schädlingsbefall noch Pflanzenkrankheiten können den Pflanzen dann viel anhaben.

Das Buch „Kosmische Einflüsse auf unsere Gartenpflanzen" aus dieser Reihe gibt weitere Aufschlüsse über diese Zusammenhänge.

Rainfarn.

Beinwell.

Kräutertees, Auszüge, Brühen und Jauchen

Kraut	Wichtigste Inhaltsstoffe	Ansatz (f = frisch oder g = getrocknet)	Form
Ackerschachtelhalm Zinnkraut (EQUISETUM ARVENSE)	Kiesel, Kalk, Schwefel, Natrium, Kalium, Mangan, Magnesium	1 kg (f)/10 l Wasser 150 g (g)/10 l Wasser in diesem Fall: kochen, schon einmal 5fach verdünnen, gären lassen zu Jauche, dann nochmals verdünnen	Jauche Jauche Jauche
			Brühe
			Brühe
			Tee
Baldrian (VALERIANA OFFICINALIS)	Baldrianöl, Duftstoffe	Blüte (f) zu Saft pressen 1 Tropfen/1 l Wasser 5 Min. rühren	Auszug
Beinwell, Komfrey (SYMPHYTUM OFFICINALE) Aussaat im Garten von Symphytum x uplandicum	Kiesel; die Wurzeln erschließen Kalivorräte im Boden; Stickstoff	1 kg (f)/10 l Wasser 150 g (g)/10 l Wasser Blätter bis zum Frost, Wurzeln im April vor Blühbeginn ernten	Jauche
Brennessel (URTICA DIOICA, URTICA URENS)	Chlorophyll, Eisen, Kalk, Kieselsäure, Spurenelemente, Vitamine	1 kg (f)/10 l Wasser 200 g (g)/10 l Wasser	Jauche Jauche Jauche

Verdünnung	Ort	Zeitpunkt	Anwendung
5fach	Boden, Pflanze	das ganze Jahr (sobald frostfrei)	bodenheilend, pflanzenstärkend
5fach	Boden, Pflanze	Ende September bis Dezember	vorbeugend bei Pilzkrankheiten
5fach	Pflanze	das ganze Jahr (sobald frostfrei) alle 3 Wochen an 3 aufeinanderfolgenden Tagen nachmittags	bei Pilzkrankheiten; mit Rainfarn- und Brennesseljauche bei Stachelbeermehltau; gegen Schädlinge, beispielsweise Apfelwickler, Kirschenfruchtfliege, Lauchmotten, Spinnmilben
5fach	Pflanze	bei Bedarf	dem Lehmbrei beigeben, in den man Setzlinge taucht, beispielsweise bei Kohlhernie
3fach	Pflanze	alle 3 Wochen an 3 aufeinanderfolgenden Tagen nachmittags	bei Rost, Grauschimmelfäule, Kohlhernie
5fach	Pflanze	mehrfach bei Befall	mit ⅓ Rainfarntee gegen Blattläuse
			gegen Blattrandkäfer; mit gärender Brennesseljauche (vor der Blatt- und Blütenbildung) gegen Blatt- und Schildläuse
unverdünnt	Pflanze	vor Blüte, bei der Fruchtbildung, vor Frost	fördert Blüten- und Fruchtbildung
			als Frostschutz bei Obstbäumen, Beerensträuchern
3fach	Boden	ab April	fördert das Wachstum, kräftigt die Pflanzen und beugt Krankheiten vor
5fach	Pflanze	ab April	
unverdünnt	Boden, Kompost	bei Bedarf bei Bedarf	über Ameisenlaufstraßen Kompostbeigabe
10fach	Boden	ab Frühjahr (sobald frostfrei)	Bodendüngung beugt Schädlingsbefall und Pflanzenkrankheiten vor
20fach	Pflanze	ab Frühjahr (sobald frostfrei)	fördert das Wachstum

Kraut	Wichtigste Inhaltsstoffe	Ansatz (f = frisch oder g = getrocknet)	Form
Brennessel (Fortsetzung)			Jauche
			Jauche
			gärende Jauche
			Auszug
			Brühe
			Tee
Farnkraut Wurmfarn (DRYOPTERIS FILIX-MAS)	Spurenelemente, Kalium, insekten- abweisendes fettes Öl	1 kg (f)/10 l Wasser 100 g (g)/10 l Wasser 5 g (g)/½ l Wasser	Jauche Auszug
Adlerfarn (PTERILIUM AQUILINUM)		1 kg (f)/10 l Wasser 5 g (g)/½ l Wasser	Jauche Jauche Auszug

Verdünnung	Ort	Zeitpunkt	Anwendung
20fach	Pflanze	vor Knospenaufbruch	gegen Chlorose
20fach	Pflanze	an 3 aufeinanderfolgenden Tagen mehrmals im Abstand von 14 Tagen (sobald frostfrei)	gegen Krankheiten, z. B. Fäulekrankheiten, Kräuselkrankheit, Falschen Mehltau, Apfel- und Birnenschorf; gegen Schädlinge, beispielsweise Blattrandkäfer, Blutlaus, Gespinstmotte, Kartoffelkäfer, Kirschenfruchtfliege, Spinnmilben, mit Rainfarn- und Schachtelhalmjauche bei Stachelbeermehltau; im Wechsel mit Rainfarn- und Wermuttee gegen Mosaikkrankheit
50fach	Pflanze	vor Blatt- und Blütenbildung 3mal während 10 Tagen	gegen Blattläuse, Schildläuse, Spinnmilben
unverdünnt	Pflanze	bei Befall	gegen Blattläuse
5fach	Pflanze	ab Frühjahr, sobald frostfrei	gegen Rutenkrankhreit, Kohlgallenrüßler
3fach	Pflanze	an 3 aufeinanderfolgenden Tagen mehrmals im Abstand von 14 Tagen (sobald frostfrei)	mit Wermut- und Rainfarntee gegen Erbsenwickler
unverdünnt	Pflanze	Winterspritzung	gegen Schild- und Blutläuse
leicht verdünnt	Rinde von Obstbäumen	bei Befall	abgebürstete Krusten bepinseln gegen Schildläuse
10fach	Pflanze	Vorfrühling	gegen Blattläuse
unverdünnt	Boden, Pflanze	bei Bedarf	für den Kompost (Kaligabe), gegen Schnecken
unverdünnt	Rinde von Obstbäumen	bei Befall	gegen Blutläuse: Rinden abbürsten und Kolonien einpinseln

Kraut	Wichtigste Inhaltsstoffe	Ansatz (f = frisch oder g = getrocknet)	Form
Hirtentäschel (CAPSELLA BURSA-PASTORIS)	Kalium, Calcium, Natrium	1 kg (f)/10 l Wasser	Aufguß
Holunder, Schwarzer (SAMBUCUS NIGRA)	Salpeter, Sambucin, Sambunigrin, starker Geruch	1 kg (f)/10 l Wasser aus Blättern	Auszug
Kamille (MATRICARIA CHAMOMILLA) CHAMOMILLA RECUTITA	Azulen (ätherisches Öl) Linolsäure, Duftstoffe	100 g (g)/10 l Wasser	Tee
			Brühe
Kapuzinerkresse (TROPAEOLUM MAJUS)	strenger Geruch	Pflanzen auspressen	Extrakt
Knoblauch (ALLIUM SATIVUM)	Schwefel, Vitamine	Knolle zerkleinert 75 g/10 l Wasser	Tee
		Blätter, Schalen 500 g (f)/10 l Wasser 200 g (g)/10 l Wasser	Jauche
Löwenzahn (TARAXACUM OFFICINALE)		1 kg (f)/10 l Wasser 200 g (g)/10 l Wasser (blühende Pflanze)	Jauche Brühe Tee
Majoran (ORIGANUM MAJORANA)	kampferähnliche Stoffe, ätherisches Öl, Duftstoffe, Gerb- und Bitterstoffe	1 kg (f)/10 l Wasser 100 – 150 g (g)/10 l Wasser	Tee
Meerrettich (ARMORACIA LAPATHIFOLIA)	schwefliges fettes Senföl in der Wurzel	300 g (f)/10 l Wasser von Blättern und Wurzeln	Tee
Oregano, Echter Dost (ORIGANUM VULGARE)	ätherisches Öl, Gerb-, Bitter- und Duftstoffe	1 kg (f)/10 l Wasser 100 – 150 g (g)/10 l Wasser	Tee

Verdünnung	Ort	Zeitpunkt	Anwendung
5fach	Boden, Pflanze	bei Bedarf	bei einseitig beanspruchten Böden über Pflanzen und Boden sprühen
5fach	Pflanze	vorbeugend und bei Befall	gegen Kohlweißling, Erdraupen
5fach	Pflanzen-samen	vorbeugend und bei Bedarf	desinfiziert und erhöht die Keimkraft von Samen (15 Minuten im Tee liegen lassen); Baumwunden vor dem Verschließen damit auswaschen
5fach	Pflanze	an 3 auf-einander-folgenden Tagen mehrmals im Abstand von 14 Tagen (sobald frostfrei)	gegen Himbeerrutenkrankheit
unverdünnt	Rinde	bei Befall	Blutlauskolonien einpinseln
unverdünnt	Pflanze	vorbeugend und bei Befall	gegen Pilzkrankheiten; gegen Möhrenfliege, Erdbeer-, Spinnmilben
10fach	Boden	vorbeugend und bei Befall	gegen Pilzkrankheiten
unverdünnt	Pflanze	bei Bedarf	Wachstumsförderung
unverdünnt	Boden	bei Bedarf	Düngung
unverdünnt	Kompost	bei Bedarf	Beigabe
unverdünnt	Boden	bei Befall	auf Ameisenlaufstraßen gießen
unverdünnt	Blüte	während der Blüte	gegen Monilia
3fach	Pflanze	Mai und Juni in regelmäßigen Abständen	gegen Kommaschildläuse

Kraut	Wichtigste Inhaltsstoffe	Ansatz (f = frisch oder g = getrocknet)	Form
Pfefferminze (MENTHA PIPERITA)	ätherisches mentholhaltiges Öl, Gerb-, Bitter- und Duftstoffe	1 kg (f)/10 l Wasser 100 – 150 g(g)/10 l Wasser	Tee
Quassia-Bitterholz (QUASSIA AMARA) giftig	Magen- und Ätzgift für Insekten, also auch für Nützlinge!	150 g Quassia/2 l Wasser und 2 l Schachtelhalmtee und 250 g Schmierseife in 10 l Wasser verdünnt	Brühe
Rainfarn (TANACETUM VULGARE) giftig	ätherisches Öl, Vitamine, starker Geruch	300 g (f)/10 l Wasser 30 g (g)/10 l Wasser	Brühe
		von Kraut und Blüte evtl. 100 g Kochsalz/10 l Wasser beigeben	Brühe
			Tee
			Tee
			Tee
			Tee
Rhabarber (RHEUM RHABARBARUM)	Oxalsäure, Gerbstoffe, Blätter giftig	500 g (f)/3 l Wasser	Auszug
		Blätter	Tee
Salbei (SALVIA OFFICINALIS)	ätherisches Öl, Gerb- und Bitterstoffe	1 kg (f)/10 l Wasser 100 – 150 g(g)/10 l Wasser	Tee

Verdünnung	Ort	Zeitpunkt	Anwendung
unverdünnt	Boden	bei Bedarf	auf Ameisenlaufstraßen gießen
unverdünnt	Pflanze	Frühjahr bis Herbst bei Befall, bei bedecktem Wetter	gegen Blattläuse, Blattrandkäfer
unverdünnt	Pflanze	bei Befall 2mal pro Woche	gegen Erdflöhe
2fach	Pflanze	an 3 aufeinanderfolgenden Tagen mehrmals im Abstand von 14 Tagen (sobald frostfrei)	gegen Gespinstmotte, bei Bohnen- und Johannisbeerrost
2fach	Pflanze	an 3 aufeinanderfolgenden Tagen mehrmals im Abstand von 14 Tagen (sobald frostfrei)	gegen Mosaikkrankheit s. Ackerschachtelhalm; mit Schachtelhalm- und Brennesseljauche bei Stachelbeermehltau; gegen Insekten, beispielsweise Möhrenfliegen, Sägewespen; gegen Erbsenwickler s. Brennessel, gegen Blattläuse s. Ackerschachtelhalm
2fach	Wurzelhals	bei Befall	gegen Dickmaulrüßler
2fach	Pflanze	kurz vor und während der Flugzeit	gegen Erbsengallmücke, Zwiebelfliege, Kohlgallenrüßler, Möhrenfliege
2fach	Pflanze	bei Befall	gegen Lauchmotte, Blattrandkäfer (2mal)
unverdünnt	Pflanze	bei Befall	gegen Schwarze Bohnenblattläuse
unverdünnt	Pflanze	bei Befall	gegen Lauchmotte
3fach	Pflanze, Boden	kurz vor und während der Flugzeit	gegen Erdraupen

Kraut	Wichtigste Inhaltsstoffe	Ansatz (f = frisch oder g = getrocknet)	Form
Schachtelhalm siehe Ackerschachtelhalm			
Schafgarbe (ACHILLEA MILLEFOLIUM)	ätherisches Öl, Kieselsäure, Kalium, Schwefel	1 kg (f)/5 l Wasser 100 g (g)/5 l Wasser (Juni bis September ernten)	Auszug
Thymian (THYMUS VULGARIS)	ätherisches Öl, Gerb-, Bitter- und Duftstoffe	1 kg (f)/10 l Wasser 100 – 150 g(g)/10 l Wasser	Tee
Tomaten (SOLANUM LYCOPERSICUM)	Vitamin C und andere, Mineralien, starker Geruch	30 g Geize/2 l Wasser	Auszug Jauche
Wermut (ARTEMISIA ABSINTHIUM)	Kieselsäure, Salpeter, Vitamin C und B, ätherisches Öl, Gerb- und Bitterstoffe	300 g (f)/10 l Wasser 30 g (g)/10 l Wasser	Brühe Tee Tee Tee
Ysop (HYSSOPUS OFFICINALIS)	ätherisches Öl, Gerb-, Bitter- und Duftstoffe	1 kg (f)/10 l Wasser 100 – 150 g (g)/10 l Wasser	Tee
Zwiebel (ALLIUM CEPA)	schwefliges ätherisches Senföl	Zwiebel zerkleinert 75 g (f)/10 l Wasser Schalen 200 – 500 g/10 l Wasser	Tee Brühe

Verdünnung	Ort	Zeitpunkt	Anwendung
10fach	Pflanze	an 3 aufeinanderfolgenden Tagen mehrmals im Abstand von 14 Tagen (sobald frostfrei)	gegen Blattflecken- und Kräuselkrankheit, Echten Mehltau und Wurzeltöterkrankheit, Monilia
3fach	Pflanze	kurz vor und während der Flugzeit	gegen Erdraupen
	Boden		gegen Erdraupen; auf Ameisenlaufstraßen (unverdünnt)
2fach	Pflanze	kurz vor und während der Flugzeit	gegen Erbsenwickler, Erdraupen, Kohlweißling
		bei drohendem Befall	gegen Kartoffelkäfer
10fach	Pflanze	bei Bedarf	als Tomatendünger und gegen Rosenblattläuse
unverdünnt	Pflanze	bei Befall 2mal pro Woche	gegen Erdflöhe
unverdünnt	Boden		auf Ameisenlaufstraßen
3fach	Pflanze	bei Befall	gegen Blattläuse, Blattrandkäfer, Erbsenwickler (s. Brennessel), Kohlfliege (in das „Herz" der Pflanze gießen), Kohlweißling, Sägewespe
3fach	Pflanze	kurz vor und während der Flugzeit	gegen Apfelwickler, Erbsengallmücke, Kirschfruchtfliege, Möhrenfliege, Zwiebelfliege
3fach	Pflanze	kurz vor und während der Flugzeit	gegen Erdraupen
unverdünnt	Pflanze	wie bei Knoblauch	wie bei Knoblauch
unverdünnt	Pflanze	vorbeugend und bei Befall	gegen Milben, Pilzkrankheiten, Blattläuse

Hornmist und Hornkiesel

Die beiden Spritzmittel, das Hornmistpräparat Nr. 500 und das Hornkieselpräparat Nr. 501, nehmen unter den pflanzenstärkenden Mitteln eine Sonderstellung ein. Sie gehen auf Anregungen Rudolf Steiners zurück. Bei der Herstellung werden kosmische Einflüsse berücksichtigt.

Vor Gebrauch werden die Präparate durch einstündiges Rühren dynamisiert. Was sich vielleicht für manchen wie eine Zeitverschwendung ausnimmt, hat sich sehr bewährt. Mehr als 60jährige Erfahrungen im biologisch-dynamischen Garten- und Landbau haben ergeben, daß die anfangs aufgewendete Zeit durch die hervorragende Wirkung der beiden Präparate später mehr als eingespart wird, weil viele andere Pflegemaßnahmen unterbleiben können.

Hornmistpräparat Nr. 500

Ein wenig Kuhmist wird fest in ein Kuhhorn gestopft und im Herbst in $\frac{1}{2}$–$\frac{3}{4}$ m Tiefe in nicht zu sandigem und nicht zu tonhaltigem Boden vergraben. Im Frühjahr gräbt man das Horn wieder aus. Der Kuhmist hat sich verwandelt und hat, mit Wasser verrührt und dann gespritzt, die Kraft, die Bewurzelung der Pflanzen und die gesamte Bodentätigkeit zu fördern. So löst er beispielsweise Bodenverdichtungen bis in größere Tiefen hinein auf, aktiviert die Humusbildung durch Vermehrung der Bodenorganismen, vor allem der Regenwürmer. Dieses Präparat wirkt außerdem besonders wachstumsanregend auf die Samen.

Wie sich in Versuchen immer wieder gezeigt hat, steigt durch Spritzungen mit dem Hornmistpräparat das durchschnittliche Wurzelgewicht um 20%. Eine gut entwickelte, tiefreichende Wurzel kann der oberirdischen Pflanze bedeutend mehr Nährstoffe zuführen. Ein kräftiger, üppiger Pflanzenwuchs ist die Folge.

Auch bei einmaliger Anwendung des Präparats Nr. 500 zeigt sich die Wirkung noch nach Jahren.

Für eine Fläche von 1000 m^2 braucht man 30 g Hornmist auf 5 l handwarmes Wasser. Man gibt beides in ein Gefäß aus Steingut, Holz, Email oder Glas, das nicht oxydieren kann, und rührt 1 Stunde lang in wechselnder Richtung. Durch das Rühren werden die im Hornmist enthaltenen Stoffe auf das Wasser übertragen. Wenn sich beim Rühren in der Mitte der Flüssigkeit ein tiefer Trichter gebildet hat, muß man die Richtung wechseln.

Nach dem Rühren läßt man die Flüssigkeit noch 10 Minuten stehen, ehe man sie durch ein Sieb filtert, damit die Spritzdüsen nicht verstopfen.

Das Wasser behält die Präparate-Energien bis etwa 3 Stunden nach dem Rühren. Bis dahin sollte man alles ausgespritzt haben. Das Hornmistpräparat wird im zeitigen Frühjahr auf überwinternde Grünflächen, vor jeder Aussaat auf den Boden und auf alle frisch mit Erde gefüllten Anzuchtkästen gesprüht oder tropfenweise verteilt. Nach 3–4 Tagen sollte man die Spritzung wiederholen. Im Obstgarten sprüht man die Stämme der Obstbäume und die Baumscheiben.

Bevor man im Herbst den Boden mit einer Mulchschicht bedeckt, sollte man noch einmal das Hornmistpräparat spritzen. Dann findet man im Frühjahr einen gut vorbereiteten Boden. Aber auch während des ganzen Sommers spritzt man das Präparat Nr. 500 immer dann, wenn ein Beet abgeerntet ist und eine Zwischen- oder Nachfrucht an die Reihe kommen soll. Stauden und Sträucher, auch Rosen, erhalten ebenfalls im Frühjahr und im Herbst vor dem Mulchen eine Bodenspritzung.

Man spritzt am besten am Nachmittag oder Abend. Dann sind Erde und Wurzeln besonders aufnahmefähig. Das Hornmistpräparat wird auch dem Lehmbrei beigemischt, in den man die Wurzeln von Setzlingen, Stauden, Sträuchern und Bäumen vor dem Einpflanzen eintaucht und mit dem man Obstbaumstämme bestreicht.

Kann man dem Geheimnis seiner Wirkung etwas näherkommen? Schon durch die normale Verrottung wird Kuhmist zu fruchtbarem Humus. Wenn er, in ein Kuhhorn gefüllt, den Winter über in der Erde liegt, hat das eine noch stärkere Wirkung. Für die Kuh ist das Horn nicht nur eine Waffe. Betrachtet man eine Kuh in ihrer unglaublichen Produktivität nicht als chemische Fabrik, die Milch liefert, dann muß man die Existenz lebenspendender Kräfte ernst nehmen, in deren Wirkungsbereich solch ein Tier lebt. Im Organismus der Kuh hat das Horn die Funktion, solche Kräfte auch zurückzustrahlen. Ist das Horn aber von Erde umschlossen, konzentrieren sich diese Kräfte und teilen sich den Stoffen im Horn mit. Auf diese Zusammenhänge wies Rudolf Steiner, der Begründer der Anthroposophie, im „Landwirtschaftlichen Kursus" hin (Koberwitz 1924).

Deshalb wird bei der Herstellung des Präparats Nr. 501 der feingemahlene Quarz auch in ein Kuhhorn gegeben. So verwandeln sich Substanzen.

Damit diese nun ihre Kräfte an das Wasser weitergeben können, muß jeweils eine kleine Menge davon in Wasser gerührt werden. Das bedeutet eine außerordentliche Verstärkung der Wirkung.

Versuche (beispielsweise 1974 an der Universität Amsterdam) haben bestätigt, daß Verdünnungen, also hochpotenzierte Substanzen wie z. B. homöopathische Medikamente, erstaunliche Wirkungen entfalten, obwohl nur noch ganz wenig Materie in ihnen enthalten ist. Die Zubereitung setzt die Kräfte frei.

Bergkristall: Grundlage für das Hornkieselpräparat Nr. 501.

Hornkieselpräparat Nr. 501

Das Hornkieselpräparat wirkt nur dann günstig auf die Pflanzen ein, wenn man sie vorher mit dem Hornmistpräparat behandelt hat. Das sollte man bei der Verwendung dieser Präparate immer bedenken.

Das Hornkieselpräparat verstärkt alle Licht- und Wärmeprozesse, so beispielsweise die Assimilation, durch die Chlorophyll gebildet wird. Auch höhere Zuckerwerte ergeben sich. Alle oberirdischen Teile der Pflanze werden durch das Präparat gestreckt. Die Pflanzen verzweigen sich mehr. In Wurzeln, Blatt, Stengel und Frucht wird mehr Kieselsubstanz eingelagert. Dadurch wird das Gewebe zugleich fester und biegsamer.

Das Präparat Nr. 501 steigert mit dem Wachstum die Qualität der Pflanzen, aber auch die Erträge und die Haltbarkeit. Kieselsäure vermittelt Wärme und Licht. Deshalb wirkt sie ausgleichend und qualitätsfördernd auf schweren, kühlen und feuchten Böden.

Das Hornkieselpräparat wird aus fein zerriebenem Quarz (Bergkristall oder Feldspat) hergestellt und ebenso wie der Hornmist in ein Kuhhorn gegeben. Hierfür mischt man aus Wasser und dem zermahlenen Quarz einen Brei etwa von der Konsistenz eines dünnflüssigen Kuchenrührteiges. Im Gegensatz zum Hornmist vergräbt man aber das Horn mit Quarz den Sommer über. Man nimmt es im Herbst aus der Erde und bewahrt den Inhalt bis zum nächsten Frühjahr auf.

Warum? Der Planet Erde ist kein toter Ball, sondern ein gewaltiger Organismus. Im Sommer ist die Kräftekonstellation, die in der Erde und über der Erdoberfläche herrscht, eine andere als im Winter. So differenzieren sich auch die Wirkungen, die von der Erde auf die Stoffe im Kuhhorn übergehen.

Für die Spritzung braucht man eine noch geringere Menge Substanz als für das Hornmistpräparat: 0,5 g auf 5 l handwarmes Wasser. Das Präparat wird ebenso gerührt wie der Hornmist.

Auch beim Spritzvorgang zeigt sich die Polarität zum Hornmistpräparat. Man versprüht das Präparat als feinen Nebel am Vormittag auf die Blätter. Blüten werden nicht eingesprüht, mit Ausnahme der Tomaten- und Erdbeerblüten.

Ausspritzen des Hornkieselpräparats auf Rosen.

Wichtig ist das Präparat Nr. 501 auch im Obstbau. Zum 1. Mal werden die Obstbäume während eines Jahres unmittelbar vor der Blüte gespritzt, ein 2. Mal, wenn sich die Blätter voll entwickelt haben, ein 3. Mal nach dem Fruchtansatz, wenn Äpfel und Birnen im Durchmesser etwa 2 cm, Pflaumen 1,5 und Kirschen 1,2 cm groß sind. Zum 4. Mal spritzt man kurz bevor die Früchte reif sind.

Durch die Einlagerung von Kieselsäure und die damit gesteigerte Strukturbildung im Pflanzengewebe sind mit Hornkiesel gespritzte Früchte länger haltbar, haben eine geringere Neigung zu Fäulnis und einen köstlichen Geschmack.

Wie alle jungen Pflanzen verträgt junges Blattgemüse die Hornkieselspritzung noch nicht. Deshalb wartet man bei Kopfsalat, Weiß-, Wirsing- und Rotkohl ab, bis sich die Blätter zur Kopfbildung nach innen neigen. Danach sollte man vor allem Kohl oft sprühen. Wenn man Weißkohl alle 14 Tage spritzt, wird er fest. Auch auf Tomaten wirkt Hornkiesel, alle 14 Tage gegeben, sehr günstig.

Kartoffeln besprüht man erst dann mit Hornkiesel, wenn sich die Blütenansätze zeigen. Während der Ausbildung der Knollen spritzt man nachmittags oder abends. Ähnlich verfährt man bei Wurzelgemüsen. Sellerie sprüht man, wenn die Knolle ungefähr kastaniengroß ist, und zwar nachmittags oder abends.

Pflanzen, die sehr stark die Blüte betonen (Blumen), die Duftstoffe entwickeln (Heilpflanzen), und Pflanzen, die hauptsächlich Früchte ausbilden (Obst), sollten zur Stärkung dieser Bereiche vormittags gespritzt werden.

Da die Vormittagsspritzung auch das Längenwachstum sehr anregt, sollten Salat, Spinat und Mangold erst nachmittags Gaben von Hornkiesel erhalten, weil sie sonst „schießen". Bei den Leguminosen gibt es höhere Erträge durch Nachmittags- oder Abendspritzungen.

Wenn man seine Pflanzen im Einklang mit den natürlichen Rhythmen des Tages spritzt, tut man zusätzlich etwas für ihre Kräftigung und Gesundheit. Ab 3 Uhr morgens beginnt die Erde auszuatmen. Die Pflanzen verdunsten Wasser, strecken sich, Stärke bildet sich. Ab 15 Uhr atmet die Erde in unseren Breiten wieder ein. Der Wassergehalt nimmt wieder zu. Die Stärke wird in die unteren Bereiche der Pflanze befördert, in die Wurzeln und Knollen. Die Pflanzenzellen vermehren sich.

Morgens und vormittags gehen die belebenden und wachstumsfördernden Kräfte mehr in die Region von Blatt und Blüte, nachmittags und abends in den Wurzelbereich. So kann man je nach Tageszeit bestimmte Bereiche der Pflanze stärken.

Maria Thun empfiehlt, das Hornkieselpräparat dann auf die jeweilige Pflanzenart zu spritzen, wenn für diese auch die günstigste Saatzeit ist, also Wurzelgemüse an Wurzeltagen, Blattgemüse an Blattagen und fruchttragende Pflanzen an Fruchttagen, wie Maria Thun sie in ihrem Aussaatkalender für jedes Jahr angibt.

Für die Einlagerung werden Obst und Gemüse ein letztes Mal kurz vor der Ernte gespritzt. Hier gelten besondere Gesetze, bei deren Beachtung die Lagerqualität noch erheblich verbessert wird. Kohl spritzt man dann an einem Blütentag, Möhren an Frucht- oder Blütentagen.

Durch die gesundende Wirkung der beiden Präparate wird Schädlingsbefall und Pflanzenkrankheiten in weitgehendem Maße vorgebeugt.

Wirkungen der Präparate 500 und 501

- ◉ Förderung der Bodenorganismen
- ◉ stärkere Vermehrung der Bodenorganismen einschließlich Regenwurm
- ◉ Wachstumsanregung für Samen, Wurzeln und oberirdische Pflanzenteile
- ◉ Steigerung der Qualität und Haltbarkeit bei Obst und Gemüse

Nützlinge

Mit uns im Bunde gegen die Überhandnahme von Schädlingen und Pflanzenkrankheiten sind viele Tiere, die im Garten Unterschlupf und Behausung haben können, wenn wir ihnen bewußt Bedingungen schaffen, die unseren Garten anziehend für unsere kleinen Freunde machen.

Recycling im Gartenboden

Unsere kleinsten Freunde im Garten sind die für uns mit bloßem Auge nicht sichtbaren Bodenorganismen, die im obersten Bodenbereich rund um die ganze Erde unermüdlich wirken. Die Freßgier von Bakterien und Pilzen ist von unschätzbarem Wert, denn sie verwandeln alle organischen Abfälle in und auf dem Oberboden. Allein die jedes Jahr anfallenden Blätter hätten ohne die Arbeit der vielen Bodenlebewesen schon längst alles Leben auf der Erde erstickt.

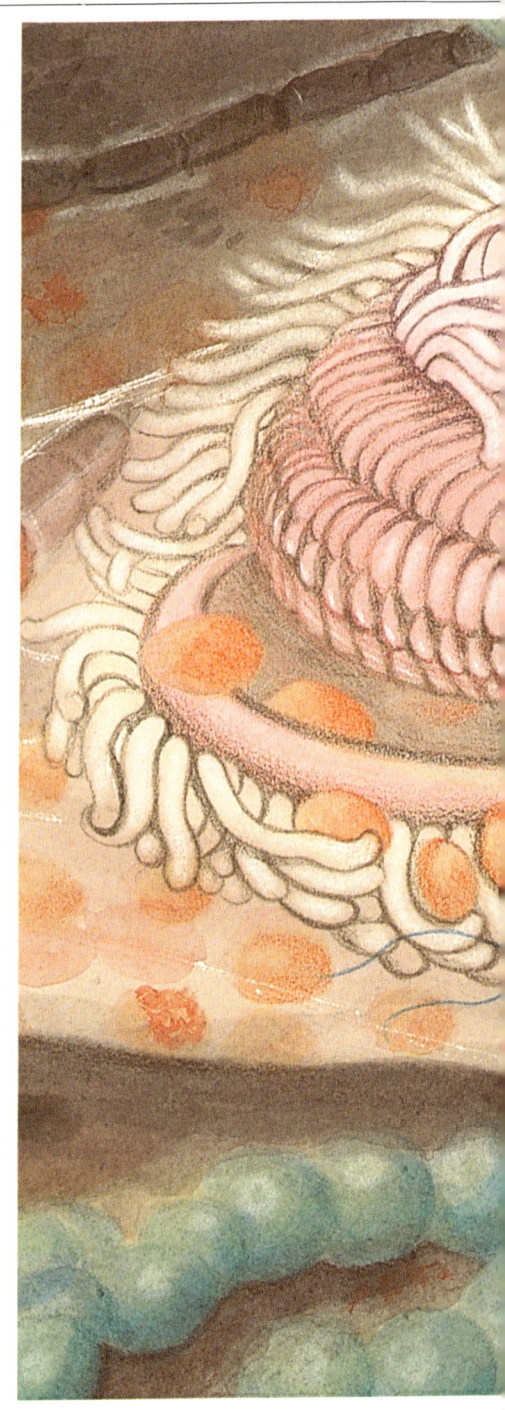

Bodenausschnitt (50 000fache Vergrößerung): Schleimhülle eines Wurzelhärchens mit eingelagerten Bakterien; rechts unten Quarzkristall, daneben Hefekolonie; von rechts unten nach oberer Mitte Grünalgenfaden; links von der Mitte Wimpertierchen, das Bakterien verschlingt; davor Schwärmspore der Grünalgen; unten links Blaualgen.

Aber das ist noch nicht alles: Die Exkremente der Bodenorganismen sind Bausteine der Humusbildung. Nährstoffe, Vitamine, Enzyme und viele andere für die wachsenden Pflanzen nützliche Stoffe werden produziert.

Die Zahl der Lebewesen im Boden richtet sich danach, wie giftfrei der Boden ist. Ein guter, giftloser Boden enthält in den oberen 30 cm Erde pro Quadratmeter ungefähr 1 Billiarde Bakterien.

Doch damit erschöpft sich die Bodenflora in 1 Quadratmeter Oberboden nicht. Der schwer abbaubare Holzstoff Lignin und Chitin, aus dem die Insektenpanzer bestehen, werden von 10 000 Milliarden Strahlenpilzen, einer Zwischenform von Bakterien und Pilzen, abgebaut. Neben anderen Stoffen bringen die Strahlenpilze auch Antibiotika hervor. Pilze selbst bauen komplizierte Stickstoff- und Kohlenstoffverbindungen ab, schaffen Humusstoffe und Antibiotika. Algen, unter ihnen Kiesel- und Blaualgen, sind die einzigen Wesen dieser Mikroflora, die Chlorophyll enthalten und zur Photosynthese fähig sind, wenn sie Licht bekommen. Einige Blaualgen können Stickstoff aus der Luft binden. Alle Arten zusammen bilden eine größere Gemeinschaft pro Quadratmeter als wir Menschen auf der ganzen Erde, nämlich 10 Milliarden Algen.

Aber auch die Bodenfauna ist außerordentlich zahl- und artenreich. Über 1000 Milliarden Einzeller behaupten sich in dem kleinen Stück Erde. Unter ihnen Wimpertierchen, Geißel- und Wechseltierchen, die in dem schleimigen Feuchtigkeitsfilm auf der Bodenoberfläche und in den verbauten Hohlräumen der Bodenkrümel schwimmen.

Die Fadenwürmer oder Älchen (Nematoden) leben in vielen tausend Arten im Boden, unter ihnen auch viele Schädlinge, die aber im gesunden Boden von Fangpilzen in Grenzen gehalten werden.

Zur Bekämpfung der schädlichen Wurzelälchen setzt oder sät man Feindpflanzen, die durch ihre Wurzelausscheidungen in der Weise wirken, daß die Larven der Älchen die Wurzeln der Feindpflanzen zwar anbohren, dann aber eingehen. Bekannt als Feindpflanze ist die TAGETES PATULA NANA. Die TAGETES ERECTA wird zu leicht von Blattälchen befallen und ist deshalb nicht geeignet.

Andere Feindpflanzen sind Luzerne, Mais, Zuckerhutsalat und Zichorienwurzel. Aber

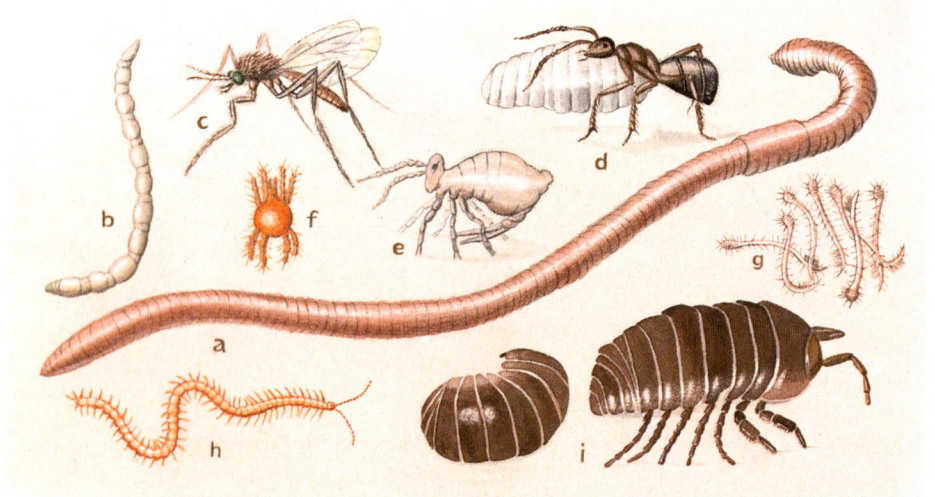

Bodenlebewesen: a) Regenwurm, b) Mückenlarve, c) Mücke, d) Ameise, e) Springschwanz, f) Milbe, g) Fadenwürmer, h) Erdläufer, i) Asseln.

auch Bentonit und Basaltmehl, vor der Saat oder Pflanzung in den Oberboden eingearbeitet, halten Nematoden kurz.
Die Nematoden haben für die Bodenverbesserung große Bedeutung. Sie machen Stickstoff für die Pflanzen verfügbar.
An den Umsetzungsprozessen im Boden sind in etwa gleicher Anzahl (mehrere hunderttausend pro Quadratmeter) Milben, Rädertiere, Borstenwürmer und Springschwänze beteiligt. Aber auch Asseln, Spinnen, Vielfüßler, Käfer, Mücken und andere Insekten arbeiten zu Aberhunderten pro Quadratmeter an der Aufbereitung des Bodens. Ein gut gepflegter Boden enthält pro Quadratmeter 2,5 kg Edaphon, wie der Bodenforscher Raoul Francé die Gesamtheit alles Bodenlebens nannte.
Alle diese Lebewesen arbeiten Hand in Hand am Aufbau des Humus. Was die eine Art herstellt, braucht die andere als Nahrung. Dafür hinterläßt diese wieder lebenswichtige Stoffe für die erste oder eine andere Art von Bodenlebewesen.
Nirgendwo im Boden ist das Bodenleben so geballt tätig wie an Pflanzenwurzeln. Die Wurzelausscheidungen und zersetzten Wurzelhaubenreste liefern wichtige Nährstoffe und einen bestimmte Wurzelteile umgebenden Schleim, das Mucigel, in dem die Bodenorganismen die besten Lebensbedingungen vorfinden. Gleichzeitig scheint dieses noch weitgehend unerforschte Mucigel einen Schutz für die zarten Haarwurzeln und Wurzelhauben zu bilden. Auch der Nahrungsaustausch zwischen Pflanzenwurzeln und Boden spielt sich über die Brücke Mucigel ab.
Eine andere Brücke für den Nährstoffaustausch bieten die Pilzwurzeln, Mykorrhiza, eine Lebensgemeinschaft von Pflanzenwurzeln und Pilzen. Die Pilzfäden (Hyphen) dringen in die lebenden Zellen der Wurzeln ein. Das entstehende dichte Geflecht der Pilzfäden schützt die Haarwurzeln wie ein vielgliedriger Panzer.
Wie die Hyphen dringen auch luftstickstoffsammelnde Bakterien in die Wurzeln der Streckungszone ein. Vor allem die Wurzeln der Leguminosen (Schmetterlingsblütler) bilden mit den Bakterien solche Symbiosen, die in den bekannten Knöllchen an den Wurzeln erkannt werden können. Durch künstliche Stickstoffdüngung wird die Bildung der Knöllchenbakterien sehr behindert.
Die Bodenlebewesen sind alle maßgebend an der Bildung der kleinen widerstandsfähigen Krümel, der Ton-Humus-Komplexe, die aus Schleimstoffen, Bakterien- und Pilzkolonien, Tonteilchen, Eiweißen, Enzymen und Zucker bestehen, beteiligt. Diese wertvollen Krümel liegen wie kleine Staatengebilde im Boden; ihre einzelnen Bestandteile sorgen dafür, daß der Krümel fest zusammenhält. Die Ton-Humus-Komplexe bieten den besten Schutz vor Erosion.
Wir sehen, wie wichtig es ist, den Boden nach biologischen Gesetzen zu behandeln, und wie leicht die Lebensgrundlage der Bodenlebewesen, die auch unsere ist, durch falsche Düngung zerstört werden kann.

Der Regenwurm

Im Darm des wohl allen bekannten Regenwurms wird dieser lebenswichtige Ton-Humus-Komplex vor allem erzeugt. Zwar ist der Regenwurm nicht in so großer Zahl im Boden vorhanden wie die kleineren Bodenlebewesen, aber einen Hektar Wiesen- oder Ackererde bevölkern immerhin eine Viertelmillion Regenwürmer. Sie durchpflügen ununterbrochen den Boden, und was sie auch fressen, ob Erde, organische oder mineralische Substanzen, es verläßt ihren knetenden und umwandelnden Darm als fruchtbarsten Humus. Ihr Kot enthält siebenmal soviel Stickstoff, sechsmal soviel Magnesium, dreimal soviel Kali und zweimal soviel Kalk wie die sie umgebende Erde.
Dabei erzeugt ein Regenwurm im Jahr 500 g Ton-Humus-Komplexe. Bei einer Viertelmillion Regenwürmer pro Hektar ergeben sich 24 Tonnen wertvollste, gesündeste Saat- und Pflanzerde. Das macht

Regenwürmer aus 35 cm Bodentiefe
mit Kot und Gängen.

diese sich ständig ringelnden Tiere zu den wichtigsten Helfern im Garten. Ist dieser biologisch gepflegt, verdoppelt sich die Anzahl der Würmer wenigstens.
Der bei uns verbreitete **Ackerregenwurm** (Lumbricus terrestris) wird bis zu 30 cm lang. Er findet sich noch in einer Tiefe von 2 m im Boden. Seine zahlreichen senkrechten oder halbschrägen Gänge durchlüften und lockern den Boden und sorgen so kostenlos für eine wirksame Dränage. Die an den Wänden der Gänge abgelagerten Exkremente locken Bakterien an, die dort ganze Bakterienrasen bilden. Die nährstoffreichen Gänge sind wie geschaffen dafür, daß ihnen Wurzeln in die Tiefe folgen.
Der rötlich gefärbte **Kompost**- oder **Mistwurm** (Eisenia foetida) hält sich mit Vorliebe im Kompost auf. Er ist kleiner und dünner als der Ackerregenwurm. Haben Bakterien und Pilze ihre Zerkleinerungsarbeit im Kompost getan, macht er sich an

die Arbeit und vollendet die Verwandlung von organischen Abfällen. Danach zieht er sich in den Boden zurück.
Alle Bodenlebewesen, einschließlich des Regenwurms, sorgen für einen gesunden, humosen Boden, in dem kräftige Pflanzen heranwachsen können. Die Gesundheit von Boden und Pflanzen ist die Voraussetzung für ein harmonisches Gleichgewicht im Garten, das weder Schädlinge noch Pflanzenkrankheiten aufkommen läßt.

Insekten

Insekten als Nützlinge? In vielen Fällen ist nicht nur das fertig entwickelte Insekt der Nützling, sondern bereits die Larve.
In dem komplizierten und wunderbaren Entwicklungsgang eines Insekts, d. h. in seiner vollständigen Metamorphose, nimmt die letzte Form des entwickelten Insekts, Vollkerf oder Imago (Mehrzahl Imagines) genannt, oft nur eine erstaunlich kurze Zeit ein. Was passiert vorher?
Wenn das Insektenweibchen das Ei abgelegt hat, schlüpft nach einiger Zeit eine winzige Larve. Fliegenlarven sind als Maden bekannt, Schmetterlingslarven als Raupen. Die typische Dreiteilung des Vollkerfs in Kopf, Brust und Hinterleib hat die Larve noch keineswegs; im Volksmund wird sie ja auch als „Wurm" bezeichnet.
Wie geht es nun beispielsweise bei der Raupe weiter?
Sie frißt und wächst und muß sich mehrmals häuten, denn die Raupenhaut, ein hartes Außenskelett, wächst nicht mit. Bei der letzten Häutung im Raupenstadium kommt nicht mehr das bunte Raupenkleid zum Vorschein, sondern das meist unauffällige, graubraune Tarngewand der Puppe. So lebhaft und gefräßig die Raupe war, so still und reglos ist die Puppe; mit Hilfe eines Fadens oder eines Scheinfußes befestigt sie sich an einem Ästchen. Manche Raupe verkriecht sich auch zur Verpuppung in den Boden, andere spinnen sich in einen Kokon ein, um in völliger Ruhe eine erstaunliche Verwandlung durchzumachen: Im Innern

der Puppenhülle werden alle Organe abgebaut und neue gebildet, Flügel entstehen, ein „ganz neues" Tier schlüpft aus der Puppenhülle.

Manche Insekten machen nur eine unvollständige Metamorphose durch, wobei die einzelnen Entwicklungsstadien weniger deutlich voneinander unterschieden sind, beispielsweise der Ohrwurm.

Florfliegen
(CHRYSOPA SP.)

Florfliegen sind Märchengeschöpfe unter unseren einheimischen Insekten, zart, grünlich, bis 20 mm lang, mit großen durchsichtigen, geäderten Flügeln und goldglänzenden Augen. Sie ernähren sich als Imagines von Honigtau, Wasser und kleinen Insekten.

Die bei uns häufige **Gemeine Florfliege** (CHRYSOPA VULGARIS) kommt gern zum Überwintern ins Haus; da sollte man sie kennen und schonen.

Florfliegenweibchen legen bis 20 gestielte Eier an Blattunterseiten und Ästchen, aber auch an Zäune und Fenster. Diese winzigen Gebilde – ein jedes an der Spitze eines feinen, haarähnlichen, langen Stiels, teils auch hängend – sind leicht mit den Fruchtständen eines Kleinpilzes zu verwechseln.

Florfliege.

Gestielte Florfliegeneier.

Die meisten Florfliegenarten haben einen charakteristischen Knoblauchgeruch, der sie vor Vögeln und anderen Insektenfressern schützt. Aus dem Ei schlüpft der Blattlauslöwe, die gefräßige Larve mit den zangenförmigen Kiefern, die während ihrer Entwicklungszeit bis zu 500 Blattläuse vertilgt. Ein Blattlauslöwe, gelblichgrau, 6–8 mm lang, hat 3 Paar Brustfüße und auf den Seiten kleine, behaarte Warzen. Er ist leicht mit anderen Larven zu verwechseln. 18 Tage nach dem Schlüpfen verspinnt sich der Blattlauslöwe in einen kugeligen, weißen Kokon.

Blattlauslöwe (Florfliegenlarve) auf Blattlausjagd.

Außer den Florfliegen gibt es unter den Echten Netzflüglern (PLANIPENNIA) als Nützlinge noch die Kamelhalsfliegen (RAPHIDIOPTERA) und die Taghafte (HEMEROBIIDAE), alles vierflügelige, schlanke, oft braun gefärbte Insekten mit durchsichtigen Flügeln, die an Libellen erinnern. Sie legen ihre Eier in den Boden und fressen als Larven und Imagines verschiedene kleine Insekten.

Ein kleines Biotop im Garten, mit Pflanzen, die auch in unserer natürlichen Umgebung wachsen (siehe Raupenfliegen), ist für diese Insekten und für den Gärtner eine wertvolle Hilfe.

Großlaufkäfer
(CARABUS SP.)

Diese Räuber mit ihren ausgeprägten Zangen werden in unseren Breiten bis zu 40 mm groß. Ebenso wie der Vollkerf, der

Goldlaufkäfer.

bis zu 400 Raupen im Jahr vertilgen kann und auch Schnecken nicht verschmäht, ist die Larve ein gefräßiger Insektenfresser. Bei den länglichen, meist dunkel gefärbten Larven ist die Unterteilung des Körpers in viele einzelne Abschnitte (Segmente) deutlich erkennbar. Laufkäfer jagen in der Dämmerung oder nachts, bei Tage halten sie sich unter Steinen oder einer feucht-schattigen Pflanzendecke versteckt. Will man sie bei Schnecken- oder Raupenplage im Garten heimisch machen, legt man in den Beeten

Laufkäferlarve.

kleine Schlupfwinkel von 20 cm Durchmesser aus locker aufgeschichteten Steinen an, die man mit Holzstöckchen stützt. Laufkäfer müssen im Herbst immer aus dem Haus ins Freie befördert werden, damit sie nicht verhungern.

Zwei wichtige Arten (beide bis 30 mm lang) sind der **Glänzende Goldlaufkäfer** (CARABUS AURATUS) mit seinen grünen Flügeldekken und der **Große Puppenräuber** (CALOSOMA SYCOPHANTA), stahlblau mit grünlichen, längsgestreiften Flügeldecken, die purpurgolden schimmern.

Marienkäfer
(COCCINELLIDAE)

Rot mit schwarzen Punkten, schwarz oder braun mit einem roten oder gelben Punkt-

muster, sogar gelb oder hellbraun mit schwarzen oder hellen punktartigen Fleckchen – in dieser Vielfalt präsentiert sich das Kleid unserer kleinen, 4–8 mm großen, halbkugeligen Nützlinge.

Niemand würde ihnen etwas zuleide tun wollen, aber vielleicht hat mancher schon unabsichtlich Marienkäfereier, ihre Larven oder Puppen vernichtet, weil er sie nicht kannte. Eine einzige Larve, die viermal soviel fressen kann wie der Vollkerf, vertilgt bis zur Verpuppung bis zu 600 Blattläuse. Marienkäfer fressen außerdem Schild- und Blutläuse und andere kleine Insekten.

Marienkäferlarven schlüpfen aus Eiern.

In der Nähe der frischen Triebspitzen, dort, wo sich auch die Blattläuse gütlich tun, werden auf 0,5 cm^2 etwa 10–15 längliche, 1 mm große, gelbe Eier, dicht zusammenstehend, an den Blattunterseiten abgelegt. Man sollte sie nicht mit Kartoffelkäfereiern verwechseln (auch auf Kartoffelpflanzen kann es Blattläuse und Marienkäfer geben). Die Larve mit 3 Beinpaaren am Vorderleib, bis zu 9 mm groß, ist bläulich bis schwarzgrau, gelb gepunktet, mit Warzen besetzt, deutlich in Segmente unterteilt und läuft zum Hinterende spitz zu. Oft wird sie mit einer Raupe verwechselt.

Die Marienkäferpuppe ist etwa 6 mm lang, hell- bis mittelbraun mit einem schwarzen, punktartigen Muster. Man könnte sie für

Marienkäfer vertilgt Blattläuse.

Marienkäferpuppe.

Marienkäfer schlüpft aus der Puppe.

eine kleine Schnecke halten. Sie spinnt sich nicht ein, sondern heftet sich mit einem Scheinfuß an grüne Triebe. Bei Berührung bewegt sie sich ruckartig.

Um unserem Marienkäfer als Imago über den Winter zu helfen, häufen wir herabgefallenes Laub in Stammnähe leicht an; auch lassen wir Gras in Stammnähe als Winterquartier etwas höher wachsen.

Ohrwürmer
(DERMAPTERA)

Sie sind bekanntlich dunkelbraun bis schwärzlich mit glänzender Oberfläche und haben ein Paar kräftiger, zangenähnlicher Gebilde am Hinterleib, mit denen sie zwar zwicken, die sie aber nicht als Angriffswaffe nutzen können. Für menschliche Ohren interessieren sie sich überhaupt nicht.

Der **Gemeine Ohrwurm** (FORFICULA AURICULARIA) jagt nachts Insekten; tagsüber ist er unter Steinen und zerfallenden Pflanzenresten verborgen. Für diese Nützlinge hängt der Gärtner umgestülpte, mit Holzwolle gefüllte Blumentöpfe als Schutzplätze in Obstbäume; der Blumentopf muß dicht am Stamm oder Ast anliegen, damit die Ohrwürmer nachts schneller auf den

Ohrwürmer brauchen am Tag einen sicheren Unterschlupf.

Ohrwürmer.

Baum gelangen können, wo sie Mengen von Blattläusen vertilgen. Stellt man umgestülpte Blumentöpfe in einem Beet auf, muß man sie etwas erhöht auf einem Stock befestigen, da sie in Bodenhöhe von Ameisen bevölkert werden.

Raubfliegen
(ASILIDAE)
Alle Arten haben einen schlanken, spitz zulaufenden Hinterleib und sind schwarz-gelb gezeichnet. Zwischen den Facettenau-

Raubfliege mit Beute.

gen haben sie eine tiefe Furche, in der 3 zusätzliche Punktaugen sitzen. Als Imagines fangen sie ihre Beute im Flug. Die **Mordfliege** (LAPHRIA FLAVA) sitzt gern an Waldrändern auf Doldenblütlern oder Weidenröschen und lauert auf Käfer, Wanzen, Schmetterlinge und fliegende Insekten aller Art. Die Larve lebt allerdings nur von verfallenden Pflanzenresten. Ein kleines Biotop – vor allem Doldenblütler und Weidenröschen – macht sie im Garten heimisch (siehe auch Raupenfliegen).

Raubwanzen
Die eigentlichen Raubwanzen (REDUVIIDAE) können verschieden groß (bis 30 mm) und unterschiedlich gezeichnet sein. Hinter den vorstehenden Augen verengt sich der Kopf halsartig. Eine in unseren Breiten häufige

Art ist die rot und braun gefärbte **Rote Mordwanze** (RHINOCORIS IRACUNDUS), die auf Blüten heranfliegenden Insekten auflauert.

Auch die Blumenwanzen (ANTHOCORIDAE), die an Wiesen- und Feldrainen leben, jagen Blattläuse und kleinere Insekten.

Ein sehr unangenehmer Geruch ist für Wanzen typisch. Im Hausgarten können wir sie kaum fördern. In speziellen Betrieben werden aber Raubwanzen gezüchtet und im Erwerbsgartenanbau gezielt eingesetzt, zum Beispiel zur Schildlausbekämpfung.

Blumenwanze mit erbeuteter Blattlaus.

Raupenfliegen
(TACHINIDAE)
Sie legen zahlreiche weiße, flach-ovale Eier, die man gut mit bloßem Auge erkennen kann, in oder an die Larven und Puppen anderer Insekten, die den Raupenfliegenlarven als Schutzhülle und Nahrung dienen und schließlich zugrunde gehen.

Eier der Raupenfliege an einer Raupe.

Da sich unter ihren Opfern eine große Zahl von Schädlingen befindet, werden die Raupenfliegen zu den für Land- und Gartenbau nützlichsten Insekten gezählt.

Einige Arten sind nur 1 mm groß; die meisten sind so groß wie Stubenfliegen oder größer und grau, manche sind jedoch gelb, braun oder schwarz gefärbt, schillern rötlich oder blaugrün. Am Hinterleib haben sie oft zahlreiche Borsten. Sie vermehren sich sehr stark und können, einmal in einer Gegend angesiedelt, viel zur Schädlingsbekämpfung beitragen. Um sie im Hausgarten heimisch zu machen, pflanzt man möglichst viele Doldenblütler: Kümmel- und Möhrengewächse, Bärenklau, Bibernelle, Fenchel, Kerbel, Liebstöckel, Mannstreu und andere; aber auch Wicken und Phacelia.

Schlupfwespen

Auch sie sind parasitäre Insekten, die ihre Eier in Larven und Puppen anderer Insekten legen. Ausgesprochene Nützlinge unter ihnen sind die Brackwespen, die Echten Schlupfwespen und die Erzwespen.

Brackwespen
(BRACONIDAE)

Sie sind 4–5 mm groß, schwarzglänzend mit gelbbraunen Beinen, rundem Hinterleib und sehr deutlich dreigeteilt. Die Larven des Weißlingstöters oder der **Kohlweißlingsbrackwespe** (APANTELES GLOMERATUS) sind die Parasiten von Kohlweißlingsraupen. Sie verpuppen sich außen an der toten Raupe in vielen kleinen gelben Kokons. Diese Puppen des Weißlingstöters, die viel kleiner sind als die Raupenhülle, werden im Volksmund „Raupeneier" genannt und oft vernichtet.

Erzwespen
(CHALCIDIDAE)

Eine Unterart, die **Blutlauszehrwespe** (APHELINUS MALI) ist nur 2 mm groß und sieht wie eine winzige, dunkel gefärbte Hummel aus. Sie kann im Jahr bis zu 8 Generationen hervorbringen und befällt nicht nur Blut-, sondern auch Blattläuse. Sie wird für den Anbau im Gewächshaus und Freiland gezüchtet und vor allem in den USA gegen Blattläuse eingesetzt.

Echte Schlupfwespen
(ICHNEUMONIDAE)

Einige Arten sind kleiner als 1 mm, andere werden bis zu 15 mm groß. Mit Hilfe ihres Legestachels legen die Weibchen Eier in Blattläuse, in Insektenlarven und -puppen (zum Beispiel der Gespinstmotte); sie biegen dabei den Hinterleib blitzschnell nach vorn unter dem Kopf durch. Bei der Art, die Blattläuse befällt, verpuppt sich die Larve in der parasitierten Blattlaus in einem Gespinst. Da auch Schlupfwespen eine kurze Entwicklungszeit haben, gibt es im Jahr mehrere Generationen; die Larven der letzten Generation überwintern in Blattlausmumien und schlüpfen im Frühjahr zur selben Zeit wie die Blattläuse. Eine parasitierte Blattlaus verfärbt sich.

Die Schlupfwespe Trichogramma parasitiert Apfelwickler und Erdraupen.

Schlupfwespenpuppen an einer toten Kohlweißlingsraupe.

Schlupfwespen verlassen ihre Puppenkokons.

Eine winzige Schlupfwespe (ENCARSIA FOR-MOSA) parasitiert die Larven und Puppen der Weißen Fliege (Kohlmottenschildlaus), die sich schwarz verfärben. Vor allem in den Niederlanden wird diese Schlupfwespenart für den Anbau im Gewächshaus (vor allem bei Tomaten und Gurken) gezüchtet und auf Kartenstreifen in parasitierten Hüllen der Weißen Fliege versandt. Diese Schlupf-wespen muß man rechtzeitig anfordern, denn sie entwickeln sich langsamer als die Schädlinge. (Versandadressen siehe Be-zugsquellenverzeichnis.)

Schwebfliegen
(SYRPHIDAE)

Schwebfliege (Episyrphus balteatus).

Anscheinend bewegungslos schweben sie wie kleine Hubschrauber mit bis zu 300 Flü-gelschlägen pro Sekunde an einer Stelle, um plötzlich blitzschnell davonzuschießen. Gemeinsam ist ihnen nur eine überzählige Längsader in den Flügeln; sonst sind ver-schiedene Größen und viele Formen und Färbungen möglich, mit denen die einzel-nen Arten andere Insekten, Bienen, Wespen, Hummeln täuschend nachahmen, so daß sie ihre Feinde irreführen, aber auch dem Menschen gelegentlich Kopfzerbre-chen bereiten können. Als regelmäßige Blü-tenbesucher sind sie – gleich nach den Bienen und Hummeln – die wichtigsten Insekten für die Bestäubung.

Schwebfliege (Tubifera pendula).

Die Fleischfresser unter den Schwebflie-genlarven sind mit ihrer braunen oder grünen Färbung gut an die Umgebung angepaßt, beispielsweise die gelbgrüne, schwarz gezeichnete, 10 mm große Larve der länglichen, schwarz-gelb und rot-grün (Kopf) gefärbten Schwebfliege BACHA ELON-GATA oder die Larve der schwarz-stahlblau glänzenden SYRPHUS PYRASTRI.

Die gelb-weißen, kleinen Reiskörnern glei-chenden Eier werden an Blattunterseiten abgelegt, wo auch die Blattläuse sitzen. Im Laufe des 5–15 Tage dauernden Larven-stadiums frißt eine Schwebfliegenlarve dann (meist nachts) bis zu 900 Blattläuse. Die tropfenförmigen Puppen hängen an Blättern und Stengeln.

Hummelschwebfliege (Volucella pellucens).

Was können wir im Garten für die Schwebfliegen tun? Gehölze, Hecken, Sträucher von solchen Pflanzen, die auch in unserer natürlichen Umwelt vorkommen, und Dolden- und Korbblütler pflanzen. Solch ein Biotop bietet den Schwebfliegen-Imagines, die sich nur noch von Blütenstaub und Honigtau ernähren, Schutz und Nahrung.

Bienen, Wespen und Ameisen

So lästig auch Ameisen am unrechten Ort sein können, wenn sie nämlich in einem hölzernen Eckpfosten unseres Gerätehäuschens oder im Fensterrahmen ihre Gänge bauen, so wenig wir Wespen und Bienen schätzen, wenn sie uns stechen, so wichtig sind sie doch für den Fortbestand der Pflanzenwelt.

Bei den Bienen wird noch jeder die Nützlichkeit erkennen. Liefern sie uns doch ein geschätztes Nahrungsmittel, den Honig. Auch das Bienenwachs stammt von der Biene. Lebenswichtig erscheint uns das jedoch alles nicht.

Da sieht es schon anders aus, wenn wir daran denken, daß die Bienen für die Bestäubung vieler Blütenpflanzen sorgen. 80% der Bestäubung der Pflanzen wird durch Bienen vollzogen. An dieser Bestäubung beteiligen sich auch Wespen. Was fehlende Bienen bedeuten würden, kann man sich kaum ausmalen. Ganze Landstriche würden veröden, soweit sie nicht von windbestäubten Pflanzen, wie Gräsern und Nadelhölzern, besiedelt werden könnten. Obst und Gemüse gäbe es nicht.

Viele Gärtner und Bauern leihen sich während der Blütezeit der Obstbäume Bienenvölker, damit die Obstbäume reicher tragen. Der Haus- und Kleingärtner kann Bienen anlocken, indem er bestimmte Blütenpflanzen anbaut, die eine reichhaltige Bienenweide bereithalten. Besonders im Frühling ist das wichtig, wenn es für die Bienen noch nicht viel Nahrung gibt. Blühende Weiden und Haselnußsträucher, Seidelbast, Krokus und Winterheide sind hier hilfreich. Zu jeder Jahreszeit sollte den Bienen eine Fülle von Blüten zur Verfügung stehen. Im

Sommer sind bei den Bienen auch blühende Gründüngungspflanzen beliebt. Die Phacelia heißt auf deutsch Bienenfreund. Hier wird schon im Namen deutlich, daß sie mit ihren zartvioletten Blüten nicht nur eine bodenlockernde Gründüngungspflanze ist. Früher wurde sie hauptsächlich von Imkern als Bienenweide angebaut.

Unter den ohnehin für den Garten so wichtigen Heckensträuchern sollten immer auch blühende Sorten für die Bienen sein. Im März und April blüht bereits die Kornelkirsche, im April die Forsythie, etwas später der Traubenholunder. Im Mai und Juni blühen viele Sträucher, so der üppige Spierstrauch, die Mispel, Kerrie, der Ginster, Hartriegel und der Schneeball.

Im Juni und Juli folgen Liguster, Schwarzer Holunder und Deutzie. Auch der Feuerdorn eignet sich gut als Bienenweide.

Die Schneebeere blüht von Juni bis August, und unter den Tamarisken finden wir solche, die im Mai, von Juni bis August, andere, die noch im August und September blühen.

Unter den Kletter- und Schlinggewächsen gibt es ebenfalls Pflanzen, die mit ihrer reichen Blütenpracht die Bienen anziehen. Hier ist vor allem das Geißblatt Jelängerjelieber zu nennen, von dem einige Sorten von Mai bis September blühen. Die einfache Waldrebe, die in Europa beheimatet ist, blüht von Juli bis September.

Nicht zu vergessen sind gerade zwischen den nicht zur Blüte kommenden Nutzpflanzen im Gemüsegarten die blütenreichen und duftenden Kräuter. Denn Bienen sind vor allem duftorientiert. Sie tragen den Blütenduft mit sich in den Bienenstock, wo die Arbeitsbienen ihren Schwestern im Stock durch den Duft die üppige Weide melden, damit diese helfen, die reiche Tracht einzubringen. Regelrechte Duftstraßen entwickeln sich so über Tage, denn Bienen sind blütenstet und fliegen erst zu anderen Blütenarten, wenn die gefundenen abgeweidet sind.

Bienen sind maßgebend am Beseitigen des Honigtaus beteiligt. Dieser entsteht, wenn

Bienenhaus mit Bienenweide.

Arbeiterin sammelt
Nektar.

Gekennzeichnete
Bienenkönigin mit
ihrem Hofstaat.

Blattläuse, Blattflöhe und Zikaden Blätter anstechen und ihnen Kohlenhydrate entnehmen, die sie oft unverdaut wieder von sich geben. Der glänzende, klebrige Film auf den Blättern fördert die Besiedlung mit schädlichen Bakterien und Pilzen und führt zu Rußtau. Die Bienen nehmen den Honigtau auf und verarbeiten ihn mit Nektar zu Honig.

Auf diesem Gebiet sind auch die Ameisen tätig. Ist ein Ameisenhaufen nah, schleppen die eifrigen Bewohner Blattläuse in bestimmte Räume ihrer Ameisensiedlung und halten sie dort wie Kühe. Um sich vom Honigtau, von dem die Ameisen vorwiegend leben, zu ernähren, betrillern die Ameisen die Blattläuse mit ihren Fühlern, so daß diese die süße Nahrung für die Ameisen abgeben müssen.

Die Ameisen, Bienen und Wespen haben aber noch eine viel wichtigere Aufgabe. Wenn Bienen und Wespen den Blüten den Nektar rauben, geben sie gleichzeitig ein wenig von ihrem Gift ab, das die Pflanzen brauchen, damit sie nicht absterben. Auch die Ameisensäure ist in der Natur notwendig. In jedem Baum, jedem Blatt, überall in der Natur, auch im Menschen, ist eine winzige Spur Ameisensäure enthalten. Sie ist für die Gesundheit unbedingt erforderlich. Die Ameisen geben geringe Mengen dieser Ameisensäure überall in der Natur ab, auf Baumstämmen genauso wie im Kompost. Überall, wo etwas vermodert, ist die Ameise mit ihrer Säure am Werk. Die Verwesung wird von den Ameisen in die richtigen Bahnen gelenkt.

Spinnen und Milben

Spinnen sind als Insektenvertilger wichtig für das natürliche Gleichgewicht eines Gartens. Milben sind winzige Spinnentiere. Ebenso wie die Spinnen unterscheiden sie sich dadurch von den Insekten, daß sie weder Flügel noch Fühler, statt drei vier Beinpaare haben (Milbenlarven haben jedoch nur drei) und daß Kopf und Rumpf aus einem Stück bestehen.

Viele Milbenarten sind Nützlinge, da sie im Erdboden organische Substanzen zerkleinern und aufarbeiten. Sie ernähren sich von Pilzmyzel. Ihr Kot bildet eine wichtige Humusvorstufe. Daneben gibt es für uns schädliche Milbenarten, die Spinnmilben, die durch Saugen an den Blättern Obstbäume, Wein und Gemüsepflanzen schädigen (siehe Schädlinge – Spinnmilben).

Raubmilben

Die Raubmilben, wie die Milben auch nur 0,6 mm groß, sind die natürlichen Feinde der Spinnmilben. Sie sind als Jungtiere rötlich, als ausgewachsene Tiere leuchtendrot, kugelförmig und sehr beweglich. Sie werden bereits mit Erfolg in Gewächshäusern, in denen Spinnmilbenbefall droht, eingesetzt. Raubmilben werden auf Buschbohnen gezogen und dann versandt. Vor allem in den Niederlanden hat man bereits eine beachtliche Praxis in dieser Art von Schädlingsbekämpfung erworben (Anschriften siehe Bezugsquellen).

Raubmilbe an Eiern einer Grasglucke.

Vögel im Biogarten

Ein biologischer Garten ist die beste Voraussetzung dafür, daß sich viele Vogelarten einfinden. Gibt es im Garten eine bunte Wiese, die nur zweimal im Jahr gemäht wird, finden unsere gefiederten Freunde das ganze Jahr über genügend Futter, denn eine Wiese ist voller Samen, Käfer, Würmer, Raupen, Larven und Insekteneier, unter ihnen viele von Schädlingen. Einheimische Sträucher ergänzen die Nahrungsquellen für die Vögel, so daß ein biologischer Garten einige Vogelarten mehr beherbergt als andere Gärten.

Unseren Vögeln gehört nicht nur unsere ganze Sympathie, weil sie so schön zwitschern und oft wohllautende Konzerte veranstalten, sondern auch deshalb, weil sie als stets gegenwärtige Gartenpolizei die Schädlinge in Schach halten.

In der Vegetationszeit vertilgt ein Meisenpärchen mit seinen Jungen 1–2 Zentner Insekten, von denen die weitaus meisten Schädlinge sind. Ob es sich um den Apfelblütenstecher, Obstmaden (Apfelwickler), den Haselnußbohrer (Haselrüsselkäfer), die Larven des Schnellkäfers, die Raupen des Kohlweißlings oder Blattläuse handelt, die Vögel sind immer zur Stelle, wenn es gilt, Schädlinge in Grenzen zu halten.

Fast alle Vögel ernähren sich und vor allem ihre Brut mit Insekten. Die größeren Artgenossen, wie Drosseln, Amseln und Stare, aber auch ein kleiner Vogel wie das Rotkehlchen, tun sich auch an Schnecken gütlich, die nicht schwer zu erlegen sind, sich allerdings bei Tageslicht wenig zeigen.

Die Spechte wie der Kleine und Große Buntspecht und ebenfalls der Grünspecht halten sich vorwiegend auf Bäumen auf und sind deshalb an der Dezimierung von baumbewohnenden Insekten, Larven und Raupen maßgeblich beteiligt.

Distelfinken (Stieglitze) bei der Fütterung der Jungen.

Vögel sind in ihrer Nahrungswahl sehr anpassungsfähig. Während die Brut mit Insekten, Käferlarven und Raupen gefüttert wird, Nahrung, die zur Brutzeit reichlich vorhanden ist, wechseln viele Vögel im Herbst auf Beeren und Obst über. Im Winter sind Sämereien von Kräutern und Bäumen für die Vogelwelt wichtig.

In der kalten Jahreszeit haben Vögel energie- und fettreiche Nahrung nötig. In kalten Frostnächten verlieren vor allem kleine Vögel so viel von ihrem Gewicht, daß sie schon in der nächsten Nacht verhungern können, falls sie in den wenigen Tagesstunden nicht ausreichend Nahrung finden. Deshalb sind Wiesenstücke mit Kräutersamen und auch beeren- und samentragende Sträucher und Bäume im Garten sehr wichtig. Ihr Wert als Nahrungsquelle übersteigt im Winter jedes noch so sinnvoll mit Vogelfutter ausgestattete Vogelhäuschen, denn die Vögel sollen ihre Nahrung selbst suchen. Gefüllte Futterhäuschen machen die Vögel bequem.

Allerdings ist es manchmal nötig, sie zu füttern, so beispielsweise, wenn nach einem Regen plötzlich Frost einsetzt und Baumrinde und Zweige vereisen. Oft ist die Eisschicht so dick, daß die Vögel sie nicht aufhacken können. Auch hoher Schnee macht Kräutersamen für Vögel unerreichbar.

Wie sieht eine zweckmäßige Futterstelle aus?

Für Katzen muß sie unerreichbar sein. Der Boden, auf dem das Futter ausgestreut wird, sollte leicht zu reinigen sein, denn Vogelkot bedeutet Infektionsgefahr. Am besten eignet sich ein herausnehmbares Brett. Vogelweichfutter darf nicht naß werden, weil es dann bei Frost vereist und für die Vögel unbrauchbar wird. Deshalb muß die Futterstelle überdacht sein.

Meist werden Futterhäuschen in der Nähe des Wohnhauses und eines Fensters aufgestellt, damit die possierlichen Gäste beobachtet werden können. An solch einer Futterstelle finden sich jedoch nur Vögel ein, die nicht sehr menschenscheu sind, wie Kohl- und Blaumeisen, Grün- und Buchfinken, Spatzen oder Gimpel. Dabei sind

Nonnen- oder Sumpfmeise mit einer Raupe.

Gerade kleine Vögel wie diese Kohlmeise brauchen im Winter fettreiche Nahrung.

erfahrungsgemäß diese angepaßten Vogelarten weniger gefährdet als die scheuen. Geeigneter ist deshalb ein Futterplatz, der einige Meter vom Fenster weg aufgestellt ist, oder das Fenster sollte zu einem Raum gehören, der wenig benutzt wird.

Nicht alle Vögel haben die gleichen Nahrungsbedürfnisse. Deshalb ist Mischfutter geeigneter als eine Sorte Samen oder nur Weichfutter.

Sonnenblumenkerne und harte Samen können von Finken leicht geknackt werden. Auch einige Meisenarten werden mit Sonnenblumenkernen fertig, wenn sie sie auch zerhacken müssen. Für Weichfutterfresser, wie Rotkehlchen, Zaunkönig oder Drossel, sind Futterhaferflocken und Rosinen geeigneter.

Am besten bewährt hat sich eine Futtermischung, die in Rindertalg eingelassen wurde. Rindertalg, wie er in jeder Metzgerei zu haben ist, wird in einem Topf so weit erhitzt, daß er flüssig wird. In den verflüssigten Rindertalg streut man Kleie, Haferflocken, Rosinen, Hanf und Sonnenblumenkerne. Die durchgerührte Masse gießt man in flachrandige Gefäße und läßt das nährstoff- und fettreiche Futter erkalten.

Sperlinge können mit diesem Futter wenig anfangen. Dafür wird es von Meisen, Finken, Baumläufern, Kleibern und Spechten bevorzugt. Den Weichfutterfressern zerbröckelt man den inhaltsreichen Talg, den man zu diesem Zweck, solange er flüssig ist, auf einem Kuchenblech dünn ausgießt.

Damit die Vögel den Futterplatz bereits kennen, wenn Winterwetter einsetzt, stellt man Futterhäuschen schon einige Wochen vorher auf, hält die Futtermenge allerdings in vertretbaren Grenzen, da sich die Vögel noch sehr gut selbst versorgen können. Bei Frost oder reichlichem Schneefall kontrolliert man die Futterstellen jeden Tag, am besten gegen Abend, damit die von der Nacht ausgehungerten Vögel morgens genügend Futter vorfinden.

Im Frühjahr stellt man die Fütterung ein, sobald die Vögel selbst Futter finden können, denn ihre Hauptnahrungsquelle sollen Schädlinge sein.

Kohlmeise.

Junge Haubenmeise in einem Nistkasten aus Holzbeton.

Im zeitigen Frühjahr sind geeignete Nistplätze zu schaffen oder zu überprüfen. In
Hecken und Sträuchern sucht der Vogel-
freund nach geeigneten Nistmöglichkeiten.
Hier bieten sich Astgabelungen an. Stört ein
Ast, wird er herausgeschnitten. Bei jedem
Ausholzen achtet man auf solche natürlichen Nistplätze. Fehlen solche, bindet man
kräftige Äste zusammen.

Nistkästen sollten zum Sauberhalten einen
herausnehmbaren Boden mit einigen
Abzugslöchern für eingedrungenes Regenwasser haben. Das Einflugloch ist nach Süd-
osten gerichtet. Die Vögel nehmen solche
Nistkästen nur an, wenn sie mindestens
3 m vom Boden entfernt und durch Laub
verdeckt sind.

Oft beklagen Gartenbesitzer, daß sich eine
Reihe von Vögeln an saftreichen Früchten
gütlich tut. Das hat weniger mit Fein-
schmeckergelüsten zu tun als vielmehr mit
dem Durst der Vögel. Im Garten sind deshalb immer mit Wasser versorgte Vogelbecken wichtig. Diese Becken sollen
möglichst viele verschiedene Wasser-
standshöhen und flach ansteigende Ränder
aufweisen.

Solche Becken werden auch gern von Insekten angeflogen. In der Nähe des Eßplatzes
an der Terrasse aufgestellt, lenkt das
Vogelbecken Wespen ab. Sie umsurren
hauptsächlich deshalb gedeckte Tische,
weil sie Durst haben.

Nistquirle.

Vogelbecken.

Schutzringe an Baumstämmen gegen
Katzen und Marder.

Igel

Hecken sind nicht nur für Vögel ein wirksamer Schutz. Auch andere Nützlinge suchen dort gern ihre Behausung. So gab es einen kleinen Igel, der jahrelang unter einer dicht gewachsenen Eibe und einer überstehenden Steinplatte seine Wohnung hatte. Es störte ihn nicht, daß er unmittelbar neben der Terrasse wohnte, auf der eine Familie den ganzen Sommer über alle Mahlzeiten

Bau eines Igelhauses.

einnahm. Am Abendessen beteiligte er sich sogar. 2 m vom Eßtisch entfernt stand stets eine Schale mit Wasser für ihn bereit. Während die Familie zu Abend aß und das Gespräch munter hin und her ging, schüttelte und rüttelte irgend etwas plötzlich die 3 m hohe Eibe. Man konnte den Eindruck haben, ein ausgewachsener Grislybär hause unter dem Baum. Nach dieser Ankündigung tauchte dann aber stets statt des Grisly der kleine Igel auf. Unbeirrt tappelte er zu seiner Wasserschale und schleckte sie mit seiner langen Zunge leer.

Nun, nicht überall gibt es vorspringende Steinplatten unter Sträuchern, aber ein kleines einfaches Holzhaus kann man sogar selber bauen und unter einen schützenden

Strauch stellen. Dort findet sich meist bald ein Igel oder ein Igelpärchen ein, wenn es ihnen möglich ist, durch den Gartenzaun zu schlüpfen. Igel sind flink und geschickt. Mäuerchen, die nicht höher sind als die lichte Weite zwischen den Vorder- und Hinterbeinen des Igels, übersteigt das Tierchen mühelos. Höhere Mauern sind jedoch ein unüberwindliches Hindernis. Igel müssen die Möglichkeit haben, in andere Gärten überwechseln zu können, denn in einem Garten, sei er auch 2000 m^2 groß, findet selbst ein einzelner Igel nicht genügend Nahrung.

In der Dämmerung geht der Igel auf Jagd. Da auch Schnecken abends aus ihren Verstecken hervorkommen, sind sie in einem Garten, der einen Igel als Aufpasser hat, etwas sehr Seltenes.

Spitzmaus

Spitzmäuse sind im Gegensatz zu anderen Mäusen Nützlinge unserer Gärten. Ihre spitzen Schnauzen verraten mit spitzen, scharfen Zähnen den Insektenfresser, der mit chitingepanzerten Kerbtieren mühelos fertig wird.

Spitzmäuse leben in selbstgebauten oder eroberten unterirdischen Gängen und Löchern. Ihre Nahrung beziehen sie fast ausschließlich aus dem Tierreich: Kerbtiere und deren Larven, Würmer, Schnecken, aber auch junge Vögel fallen ihnen zum

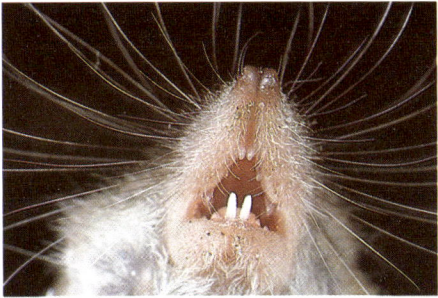

Spitzmäuse können mit ihren spitzen, scharfen Zähnen harte Kerbtiere zerbeißen.

Gartenspitzmaus.

Opfer. Sie halten keinen Winterschlaf, weil sie sehr hungrig sind und täglich Nahrung vom Gewicht ihres eigenen Körpers aufnehmen müssen.

Maulwurf

Die Nützlichkeit des Maulwurfs ist nicht eindeutig. Er ist zwar ein Großvertilger von Engerlingen, aber wo gibt es heute diese Larven des Maikäfers noch? Andererseits

frißt er sehr viele Regenwürmer, die er in seinen ausgedehnten Gängen findet und sich sogar als Vorrat hält. Er lockert zwar die Erde durch seine ständige Arbeit an seinen Gängen, aber die aufgeworfenen Hügel sind für einen kleineren Garten doch recht lästig.

Auch der Maulwurf muß täglich Nahrung vom Gewicht seines Körpers aufnehmen und kann nicht länger als 12 Stunden ohne Fressen sein. Außer Regenwürmern liebt er Käfer, Maden, Larven, Raupen, Schmetterlingspuppen und Schnecken. Pflanzennahrung rührt er nicht an, vergreift sich also auch nicht an Wurzeln.

Amphibien (Lurche) im Naturgarten

Auch Lurche, also Frösche, Kröten, Unken und Molche, machen in ihrer Entwicklung eine Verwandlung durch. Wir alle kennen das Jugendstadium des Frosches, die niedlichen Kaulquappen – winzige Fischchen mit Kiemen und einem seitlich zusammengedrückten Schwanz, der als Ruder dient. Auch die Jugendgestalt der anderen Lurche ist fischartig. Erst allmählich verändert sich

Maulwurf.

die Gestalt; Lungen und Gliedmaßen bilden sich. Die jungen Lurche werden Larven genannt. Die Lurche brauchen für ihre Entwicklung ein Gewässer.

In der Bundesrepublik sind folgende Amphibien vom Aussterben bedroht: Geburtshelferkröte, Gelbbauchunke, Kreuzkröte, Springfrosch und Wechselkröte. Diese Tiere stehen unter Naturschutz, ebenso wie Bergmolch, Kammolch, Laubfrosch (auch er ist selten geworden!), Rotbauchunke und Teichmolch.

Weitere heimische Lurche sind Erdkröte, Fadenmolch, Feuersalamander, Grasfrosch und Wasserfrosch.

Vor allem die fertig entwickelten Lurche sind Insektenvertilger und fressen außerdem Spinnen, Schnecken und Würmer. Sie jagen nachts, wenn die Schnecken und auch viele Insekten unterwegs sind, und ergänzen so die Schädlingsverminderung durch die Singvögel.

Die Lurche sind ein nützliches, hochinteressantes Völkchen. Wenn man sich mit ihnen beschäftigt, wird man sie bald nicht mehr als häßlich ansehen – wie etwa die Kröten –, sondern sich bei ihrem Anblick freuen! Wo sie leben können, besteht noch ein Stück Natur.

Am besten ist es, wenn Lurche sich in einem Garten, in dem ein Teich angelegt worden ist, von allein einstellen. Dann darf man hoffen, daß sie auch in der Umgebung des Gartens natürlicherweise vorkommen und dort einen artgerechten Laich- und Wohnplatz finden, wenn sie einmal abwandern sollten. Und das tun Lurche gerne, wenn sie sich gestört oder beengt fühlen.

Will man sie künstlich heimisch machen, muß man sie aus Eiern oder Larven ziehen. Man darf heute allerdings kein Tier, das unter Naturschutz steht, aus der Natur entnehmen. Wegen Eiern oder Larven kann man sich aber an andere Teichbesitzer wenden.

Auch dann muß man sich die Frage nach der Umgebung stellen. Zwar ist der Gartenteich dann das Heimatgewässer, und die **Erdkröte** (BUFO BUFO) beispielsweise wandert nicht mehr zum Laichen in ein anderes Gewässer ab. Sie liebt aber wie alle Lurche die nächtlichen Streifzüge, die sie bis zu 2 km in den Umkreis führen können, manche Lurche sogar bis zu 20 km.

Andere Arten, zum Beispiel der **Grasfrosch** (RANA TEMPORARIA) und der **Feuersalamander** (SALAMANDRA SALAMANDRA), suchen das Weite, wenn sie sich gestört fühlen, oder sie

Teichmolchweibchen.

Ein Grasfroschpärchen wandert zu seinem Laichgewässer.

werden einfach vom Wandertrieb gepackt. Ist die Umgebung verödet, droht Vernichtung durch Straßenverkehr, dann muß man auf künstliche Ansiedlung von Lurchen verzichten. Denn ohnehin gehen jedes Jahr Zehntausende durch den Straßenverkehr zugrunde.

Wandert uns eine Erdkröte zu, ist zur Laichzeit Vorsicht geboten. Dann möchte die Kröte zurück in ihr Geburtsgewässer. Helmut Snoek empfiehlt, den Gartenteich während der Laichzeit mit einem kleinen Plastikzaun zu umgeben, um die oft todbringende Wanderung zu verhindern.

Die einzelnen Amphibienarten stellen unterschiedliche Ansprüche an ihren Lebensbereich. Einige brauchen einen sonnigen, andere einen nur stellenweise besonnten oder gar schattigen Wohn- oder Laichplatz. Auch die Höhe über dem Meeresspiegel spielt eine Rolle. Faden- und Bergmolch (TRITURUS HELVETICUS und TRITURUS ALPESTRIS) zum Beispiel brauchen im Flachland Gewässer, die sich nicht über 18° C erwärmen. Ein wenig unterschiedlich ist auch, welche Böden den einzelnen Arten als Umgebung besonders zusagen. Auskunft darüber gibt die ausgezeichnete Spezialliteratur (siehe Anhang).

Was gewiß alle Lurche brauchen und lieben: etwas natürlichen Wildwuchs in der Umgebung des Teiches. Das bedeutet Verzicht auf ein zugemauertes Ufer, auf Rasenmähen. Lurche müssen die Möglichkeit haben, sich in der unmittelbaren Umgebung des Teiches ein Versteck zu schaffen, das gleichzeitig ihr Schlafplatz ist. Solch ein Quartier kann eine Erdhöhle zwischen Kräutern im etwas höheren Gras sein, es kann sich unter Wurzeln und Baumstämmen befinden, die man bereitlegt, oder in einem lockeren, mit Holz abgestützten Steinhaufen, der innen Unterschlupf bietet (auf 200–300 m² Garten ein Steinhaufen von ¼–½ m² Größe).

Hunde und Katzen sind eine lebensgefährliche Bedrohung für Lurche, aber auch der Rasenmäher, besonders wenn er tief eingestellt ist.

Noch etwas zur Größe des Wohnplatzes: Gras- und Wasserfrosch brauchen ein großzügig bemessenes Umland um den Teich. Wegen überwinternder Larven sollte solch ein Teich mindestens 80 cm tief sein, damit die Larven nicht erfrieren. **Kamm-** und **Teichmolch** (TRITURUS CRISTATUS und TRITURUS VULGARIS) und die gefährdete **Gelbbauchunke** (BOMBINA VARIEGATA) geben sich mit einem kleineren Teich zufrieden; die Gelbbauchunke liebt aber mehrere kleine, voneinander abgetrennte Gewässer im Uferbereich. Goldfische passen nicht in einen Naturteich. Was an kleinen Lebewesen in 700–800 l Wasser lebt, kann gerade einen einzigen größeren Goldfisch ernähren. Um die Artenvielfalt wäre es geschehen.

Welche Tiere bevölkern außer einigen kleinen Fischen noch den Naturteich, in dem sich – wie der Biogärtner hofft – zukünftig auch Lurche wie zu Hause fühlen werden? Einige der Bewohner eines Naturteichs, Schwämme, Urtierchen und Rädertierchen, ernähren sich von Bakterien und Kleinstalgen; Strudelwürmer kriechen unter der Wasseroberfläche daher; sie leben von Kleinkrebsen und Urtierchen. Ringelwürmer, kopfüber im Schlamm, helfen bei der Umschichtung und Verarbeitung von Bodenschlamm. Auf der Wasseroberfläche jagt der Wasserläufer kleinere Insekten; Wasserspinnen sitzen in silbrigen Luftglocken; unter Wasser schwimmen Wasserskorpione und Rückenschwimmer und wie winzige Leuchtkugeln die Wassermilben. Wasserflöhe fressen Algen, werden die Beute von Süßwasserpolypen. Eintagsfliegen, Köcherfliegen, Mücken legen ihre Eier im Wasser ab, ebenso die Libellen – die Wasserjungfer, die leuchtendrote Adonislibelle, die blaue Hufeisen-Azurjungfer.

Alle diese Tiere haben verschiedene Nahrungsgewohnheiten: Sie fressen Bakterien, Algen, andere Tiere oder schaffen weg, was sonst verfaulen würde. Sie dienen wiederum Fischen und Lurchen als Nahrung. So entsteht ein Gleichgewicht im Naturteich, bei dem kein Organismus überhandnimmt.

Ist dieses Gleichgewicht einmal erreicht, kann es auch die oft gefürchtete Stechmückenplage nicht geben.

Die Bepflanzung des Naturteichs und des gesamten Naturgartens soll die Insekten herbeilocken, die zu den Pflanzen gehören, sich von ihnen ernähren (oft als Larve), sie bestäuben und dann wieder Vögeln und Lurchen als Nahrung dienen können. Deshalb muß man Pflanzen auswählen, die in unserer Umgebung heimisch sind.

In Gärten, die mit exotischen Gewächsen geschmückt sind (auch viele Nadelhölzer gehören dazu), müssen Insekten, Vögel und Lurche buchstäblich verhungern. Schon Baumstümpfe, Fallaub, Mulche und der Verzicht aufs Rasenmähen laden viele Pflanzen ein, sich im Garten auszusäen.

Was kann man dazu noch anpflanzen oder säen? Einmal zieht die große Familie der Doldenblütler, ziehen Wicken und Phacelia viele Insekten an. Für das Feuchtgebiet kommen dann als erstes die zwei Pflanzengruppen der trockenen und feuchten Randzone in Frage, als zweites die Pflanzen der Uferzone, deren Wurzeln und untere Stengelbereiche schon im Wasser sind, als drittes die Pflanzen des offenen Wassers, auch solche, die frei schwimmen.

Im folgenden Abschnitt werden viele Pflanzen aufgezählt. Es genügt aber schon, einen kleinen Teil davon zu säen oder zu pflanzen. Im trockenen Bereich der Randzonen blüht ab März das Buschwindröschen, ab Mai der Schlangenknöterich, der blaue Kriechende Günsel und Frauenmantel. Die Hängende Segge, ein Gras, wird bis zu 150 cm hoch. Ab Juni ist Blütezeit für die Kleine Brunelle, den Gold- und Blutweiderich, ab Juli für den weißblühenden Wiesenbärenklau, für Strandroggen und Blaues Pfeifengras, beide etwa 1 m hoch.

Geschützte Pflanzen der Randzone, von denen man aus der Natur keine Samen nehmen darf, sind Märzbecher, Trollblume, Schachblume, Blaustern, Waldgeißbart.

Im feuchten Randzonengebiet, direkt am Ufer, ist ab März Blütezeit für die Gemeine

Geburts-helfer-kröte.

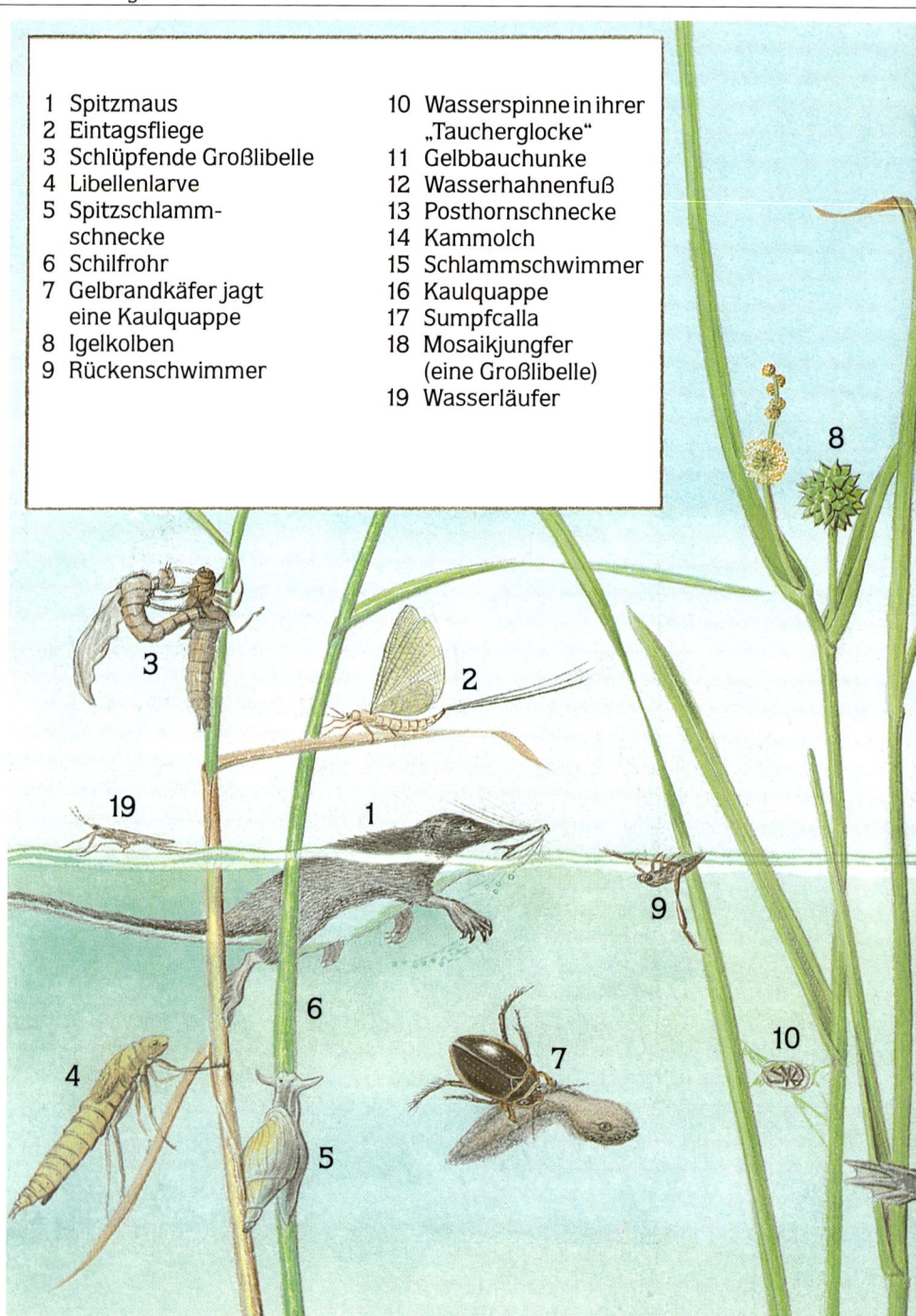

1 Spitzmaus
2 Eintagsfliege
3 Schlüpfende Großlibelle
4 Libellenlarve
5 Spitzschlamm-
   schnecke
6 Schilfrohr
7 Gelbrandkäfer jagt
   eine Kaulquappe
8 Igelkolben
9 Rückenschwimmer
10 Wasserspinne in ihrer
   „Taucherglocke"
11 Gelbbauchunke
12 Wasserhahnenfuß
13 Posthornschnecke
14 Kammolch
15 Schlammschwimmer
16 Kaulquappe
17 Sumpfcalla
18 Mosaikjungfer
   (eine Großlibelle)
19 Wasserläufer

Pestwurz, ab Mai für die Akeleiblättrige Wiesenraute (bis 120 cm hoch), ab Juni für Glockenheide, Blutauge, Blaugrüne Binse, ab Juli für den Gemeinen Wasserdost (bis 150 cm).

Die Pflanzen der Uferzone wurzeln schon im Wasser, ihre teilweise intensiv farbigen Blütenstände ragen über den Wasserspiegel heraus: ab April Bitterklee und Sumpfdotterblume, ab Mai Sumpfvergißmeinnicht und Bachehrenpreis, Sumpfbinse und Segge, ab Juni Gewöhnliche Teichbinse (bis 4 m hoch), Kalmus, Froschlöffel, Pfeilkraut (alle bis zu 1 m hoch) und Brennender Hahnenfuß, ab Juli Ästiger Igelkolben (bis 1 m hoch) und Wasserschwaden (bis 2 m hoch); schließlich Teich- und Winterschachtelhalm.

Von den Pflanzen des freien Wassers blühen über dem Wasserspiegel der Wasserstern, das Ährige Tausendblatt, Unterwasserpflanzen sind auch die Wasserpest, die verschiedenen Arten des Laichkrauts und die Rauhe Armleuchteralge.

Die sprichwörtlich gewordenen Wasserlinsenarten können die ganze Wasseroberfläche überziehen (Entengrütze) und Unterwasserpflanzen Licht wegnehmen. Seerosen und Teichrosen stehen heute unter besonderem Naturschutz.

Man kann die Samen der benötigten Pflanzen sammeln oder sich die Pflanzen – vor allem, wenn sie selten oder vom Aussterben bedroht sind – in einer Spezialzüchterei besorgen. Vor dem Einpflanzen von Wasser- und Sumpfpflanzensetzlingen muß das Wasser herausgelassen werden. Zu lange Wurzeln sollte man kappen und dabei mit dem Messer arbeiten, da die Schere das Gewebe zerquetscht, was Fäulnis begün-

Gartenteich.

stigt. Nach dem Einpflanzen sollte man die Setzlinge mit einer Kiesschicht bedecken, damit sie nicht an die Wasseroberfläche steigen.

Hat man sich zum Teichbau entschlossen, sollte man wissen, daß ein etwas größerer Teich (größer als 6 m^2 und mindestens 80 cm tief) günstiger für das Leben seiner Bewohner und für die Wasserqualität ist. Für kleine Kinder ist ein Teich von einer bestimmten Tiefe ab gefährlich. Darüber sollte man sich im klaren sein und mit dem Teichbau warten, bis die Kinder größer sind. Der Teich wird möglichst in unterschiedlichen Bodenhöhen ausgehoben. Weitere 20 cm tief werden Wurzeln beseitigt. Dann wird ein engmaschiges Drahtnetz (1 cm Weite) gegen Nagetiere verlegt. Die wurzelfeste Teichfolie (dies ausdrücklich verlangen!) wird ausgebreitet.

Die Folienränder werden ein Stück über den gewölbten Uferrand hinausverlegt und danach mit Erde, Rasensoden, Steinen und Platten bedeckt in eine insgesamt ganz ebene Ufergestaltung einbezogen, denn der Uferrand darf auf keinen Fall hoch- oder überstehen, weil sonst Amphibien und andere Kleintiere im Teich gefangen wären. Erst danach die Folienränder zurechtschneiden, aber nicht direkt am Teichrand. Für die Nichtschwimmer unter den Kleintieren muß ein schräggelegtes Brett aus dem Wasser herausführen (möglichst längs am Ufer). Zum Garten hin sollte der Teichrand allmählich leicht abfallen, weil sonst Erde in den Teich geschwemmt würde.

Als Teichboden sollte dann eine 20–30 cm dicke Schicht aus Kies, Sand und Lehm eingefüllt werden, aber kein nährstoffreicher Boden.

Überschüssiges Wasser leitet man ab und läßt es versickern. Wenn man frisches Wasser einläßt, auf Temperatur – es darf nicht zu kalt sein – und Reinheit achten. Eigene Versuche haben gezeigt, daß man saures Regenwasser mit einigen Gramm Biosmon wieder in neutrales Wasser (7 pH) verwandeln und dann für den Teich verwenden kann. Genauere Auskunft gibt das Buch

„So wird mein Garten zum Biogarten", erschienen ebenfalls im Falken-Verlag.

Ein Teil des Schlamms, der sich immer im Teich bildet, und der Pflanzenrückstände muß regelmäßig entfernt werden. Sehr zweckmäßig ist es, jedes Jahr nur ein Drittel des Teichs zu reinigen, um das Leben im übrigen Teich nicht zu stören. Höhenunterschiede in der Teichsohle erleichtern die Einteilung. Was an Schlamm und Pflanzenrückständen bei der Reinigung anfällt, sollte natürlich kompostiert werden.

Reptilien (Kriechtiere)

Die nicht seltene Meinung, daß ein Gartenteich zwangsläufig Schlangen, beispielsweise die giftige **Kreuzotter** (VIPERA BERUS), anlocken könne, ist nicht ganz richtig. Zwar lieben Schlangen das feuchte Klima in Teichnähe, und Lurche als Beute ziehen sie an. In einem Kreuzotterngebiet – so etwas gibt es – kann eine Kreuzotter aber in jedem beliebigen Garten auftauchen. Sie ist jedoch so selten geworden, daß sie unseres Schutzes bedarf.

Harmlos für uns sind Nattern und Blindschleichen. Die zierlichen, etwa 60 cm langen, dunkelbraun bis schwarzgrau gefärbten **Ringelnattern** (NATRIX NATRIX) sind scheue Tiere und als Mäusevertilger für uns Nützlinge. Allerdings fressen sie leider auch Eidechsen, junge Lurche und manchmal junge Küken.

Die bis 50 cm lange, glänzende **Blindschleiche** (ANGUIS FRAGILIS) – keine Schlange, sondern eine Echse – ist im Durchmesser etwa 1–1½ cm dick, grau oder graubraun gefärbt und mit winzigen Schuppen bedeckt. Von dem blendenden Glanz dieses Schuppenkleides kommt auch der Name. Blindschleichen fressen Nacktschnecken, im Boden lebende Insektenlarven, aber leider auch Regenwürmer. Sie überwintern in der Erde in selbstgegrabenen Höhlen. Die Jungen (pro Wurf 5–20), die im Sommer geboren werden, haben nur Regenwurmgröße. Sie sind silbrig mit dunkler Rückenlinie und dunklen Seiten.

Biologische Abwehr von Schädlingen

Der allererste Gesichtspunkt bei der Abwehr von Schädlingen ist für den Biogärtner immer, das umfassende Gleichgewicht von Boden, Pflanzen- und Tierwelt in dem ihm anvertrauten Garten herzustellen, zu erhalten und zu stärken.

Mag ein Pyrethrum-, ein Rotenonmittel auch aus Pflanzen gewonnen sein (aus einer afrikanischen Chrysanthemenart das erste, das zweite aus exotischen Schmetterlingsblütlern), ganz ungefährlich sind beide Präparategruppen nicht.

Zumindest in dem Bereich, in dem sie angewendet werden, können sie neben Schädlingen auch Nützlinge vernichten – besonders die Rotenonmittel können noch für größere Insekten tödlich sein. Beide Präparategruppen enthalten ein starkes Gift für Fische und Amphibien und können auch die Bodenorganismen beeinträchtigen. Für Menschen und Haustiere, überhaupt für alle Warmblüter, und für Pflanzen sind sie jedoch ungiftig.

Man muß das alles wissen, um diese Mittel wirklich nur im Notfall, bei starkem Befall also, einzusetzen. Pyrethrummittel sind unter anderem unter den Handelsnamen Spruzit und Ledax-wg, Rotenonmittel unter Spruzit nova, Parexan, Deril erhältlich. Auch Präparate, die den BACILLUS THURINGIENSIS in Form von Dauersporen enthalten (Dipel und andere), können neben Schädlingen natürlich Nützlinge treffen. Wenn eine Raupe oder ein kleines Insekt mit Dipel besprühte Blätter frißt, dringen die Sporen über die Darmwand in den Körper des Tieres, so daß es innerhalb einiger Tage an einer Bakteriose zugrundegeht.

Bei diesen Mitteln ist ein maß- und planvoller Einsatz möglich. Chemische Pflanzenschutzmittel jedoch muß man strikt vermeiden, wenn man einen Beitrag zu einer gesunden Umwelt leisten will. Das Bodenleben wird durch Chemikalien zerstört. Sobald man chemische Präparate einsetzt, wirken naturgemäße nicht mehr. Zum Beispiel würden die Wirkungen des Hornkieselpräparats das Licht und Wärmeprozesse verstärkt und schwere, feuchte Böden günstig beeinflußt, durch chemische Insektizide „totgeschlagen".

Im integrierten Pflanzenschutz, der ab einer bestimmten Befallsstufe mit Chemikalien arbeitet, geht man von der These aus, daß man naturgemäße und chemische Pflanzenschutzmittel wechselweise einsetzen kann. Das ist jedoch unmöglich, denn die naturgemäßen Anbau- und Pflegemethoden wirken sich erst dann heilsam aus, wenn ein Garten Zeit gehabt hat, sich umzustellen, wenn der Boden lebendig, die Pflanzen widerstandsfähig, die Nützlinge zahlreicher geworden sind. In diesem Stadium darf dann keine auch noch so kleine „chemische Keule" dazwischenschlagen.

Das gilt für alle naturgemäßen Maßnahmen gegen Schädlinge, die im folgenden Kapitel aufgezählt werden, auch für Jauchen aus Schädlingen, für die Verwendung der Asche von Schädlingen und einer daraus gewonnenen Dezimalpotenz.

Zum Verjauchen zerreibt oder zerkleinert man einige tote Schädlinge, gibt genügend Wasser dazu, filtert die Flüssigkeit und verdünnt sie so, daß man sie ausspritzen kann. Veraschen: Man verbrennt einige tote Schädlinge und streut die Asche locker über die Pflanzen oder den Boden.

Man stellt eine Dezimalpotenz daraus her, indem man die Asche 1 Stunde lang verreibt und dann Wasser hinzugibt. Man beginnt mit 1 Teil Asche und 9 Teilen Wasser, rührt die Mischung und entnimmt dieser Dezimalpotenz D 1 ein Zehntel. Diesem einen Teil gibt man wieder 9 Teile Wasser bei; der neuentstandenen Mischung (D 2) entnimmt man wiederum ein Zehntel, zu dem man 9 Teile Wasser gibt und das Ganze zu einer D 3 zusammenrührt.

So kann man – wie bei der Herstellung homöopathischer Medikamente – fortfahren, um die gewünschte D 6 oder D 8 zu erhalten. Daß man jede neuentstandene Dezimalpotenz rührt, ist unerläßlich, denn nur so können sich die Wirksamkeiten der Asche dem Wasser mitteilen. Mit dem Erreichen höherer Potenzen nimmt die Wirksamkeit dieser Präparate bei richtiger Zubereitung nicht ab, sondern zu.

Alle drei Methoden, das Verjauchen, Verbrennen und Potenzieren der Asche sind im biologisch-dynamischen Gartenbau als Schädlingsabwehr erprobt worden.

Im Kapitel über die Schädlingsabwehr werden öfter Nützlinge als natürliche Feinde von bestimmten Schädlingen erwähnt. Hier sollte man auch das Kapitel über die Nützlinge noch einmal zu Rate ziehen.

Im Handel erhältliche Spritzmittel und andere Präparate zur Abwehr von Pflanzenkrankheiten und Schädlingen (soweit im folgenden Kapitel erwähnt) sollen nun kurz vorgestellt werden:

Algifert: Spritzmittel, lösliches Konzentrat aus Meeresalgen, 90 verschiedenen Spurenelementen, zur Blattdüngung, stärkt die Widerstandskraft gegen Schadinsekten und Pflanzenkrankheiten. Auch als Flüssigkonzentrat.

Artanax: Spritzmittel auf Phytonzidbasis aus Heilpflanzen, Wildkräutern, Meeresalgen und Mineralien (u. a. Rainfarn, Zwiebelschalen, Meerrettich, etwas Netzschwefel), gegen Schadinsekten und Krankheiten. Die Wirkung wird erhöht, wenn man die Spritzflüssigkeit 2–4 Tage stehenläßt, so daß sich eine Gärbrühe bildet.

Bio-S, Ledax-San: Spritzmittel zur Vorbeugung von Pilzkrankheiten, aus Kräutern (Brennessel, Schachtelhalm, Zwiebelgewächsen), 24% Netzschwefel.

Ecomin: Stäubemittel zur Vorbeugung gegen Schadinsekten, Schnecken und Pilzkrankheiten, enthält Kieselsäure, Spurenelemente, Mineralien; für kalk-

fliehende Pflanzen (Erika, Rhododendron) nicht geeignet.

Equisan: Heil- und Wildkräuterkonzentrat auf der Basis von Schachtelhalm, gegen Pilzkrankheiten.

Etermut: Streumittel zur Abwehr von Möhren- und anderen Gemüsefliegen, Wirkung aufgrund von Duftstoffen verschiedener Wildkräuter.

Lacbalsam: Baumpflegemittel für alle Wund- und Veredlungsstellen bei Baum und Strauch.

Meerwunder: Mehl aus Seealgen des Nordatlantik.

Preicobakt: zellstärkendes Pflegemittel aus pflanzlichen und organisch-mineralischen Substanzen für Stammanstrich und Kronenspritzung im Frühjahr und Herbst. Vorbeugend gegen Schädlinge und Krankheiten, zur raschen Wundheilung.

SPS: Konzentrat aus Wildkräutern zur Pflanzenstärkung, Vorbeugung gegen Krankheiten und Schädlinge, Bewurzelungsmittel für Stecklinge und Jungpflanzen.

Mengen- und Flüssigkeitsangaben auf den Packungen. Weitere Dünge- und Pflanzenpflegemittel im Bezugsquellenverzeichnis.

Gesteinsmehle, Tonerdemehle und Korallalgenkalk sind durch ihre günstigen Eigenschaften und ihre feine Struktur eine Hilfe in der Schädlingsabwehr. Tonerdemehle eignen sich wegen ihrer Quell- und Haftfäigkeit vorzüglich als Beigabe zu Spritzbrühen und als Stammanstrich.

Gesteinsmehl: Zur Abwehr von Bohnenfliege und Kartoffelkäfer arbeitet man Steinmehl zusammen mit Korallalgenkalk in den Boden ein; gegen die Möhrenfliege überstreut man die Aussaatreihen, zur Bekämpfung der Zwiebelfliege überstäubt man die Steckzwiebeln. Gegen Blattläuse, Kartoffelkäfer, Kohlfliege, Lauchmotte überstäubt man die bepflanzten Flächen.

Bringt man Steinmehl/Basaltmehl mit Algenkalk bei vorangegangener kon-

Gewinnung von Basalt, das auch zu Gesteinsmehl für den biologischen Garten- und Landbau verarbeitet wird, im Basaltbruch in Roßdorf bei Darmstadt.

stanter Bodenbedeckung aus, verringert sich der Nematodenbefall erheblich.

Korallalgenkalk wird gegen Pilzkrankheiten und Schädlinge gestäubt; die Schadorganismen (Larven) trocknen aus, Pilze können sich im trockenen Milieu nur schwer entwickeln. In diesen Fällen wird der Korallalgenkalk gern im Wechsel oder zusammen mit Gesteinsmehlen gegeben.

So wird Korallalgenkalk gestäubt oder gestreut gegen Befall von Blattläusen, Lauchmotten, Kohlweißlingen, Kohlgallenrüßlern, Zwiebelfliegen, Kartoffelkäfern, Erbsenwicklern, Gespinstmotten, Nematoden.

Genaue Angaben für die Verwendung von Hornmist- und Hornkieselpräparat sind im entsprechenden Kapitel im ersten Teil dieses Buches zu finden.

Ameisen

Im Haus und im Garten sind die **Wegameise** (LASIUS NIGER) und die **Wiesenameise** (LASIUS FLAVUS) anzutreffen. Ameisen können sehr hilfreich im Organismus eines Gartens wirken. Hat man sie im oder am Haus, stellt man mit Holzwolle gefüllte Blumentöpfe umgekehrt auf die Schlupflöcher, um die Ameisen darin zu sammeln und in den Garten zu verfrachten. Dort fressen sie Insekten und Insektenlarven und vermodernde Pflanzenreste. Im Kompost tragen sie zur Umwandlung der Abfälle in Humus bei, um so lieber, wenn man ihnen diese Arbeit mit einem Restchen Marmelade, das man in den Kompost gibt, oder ähnlichem versüßt. Ist der Garten zu trocken, dann finden sie sich in Massen und benagen Wurzeln, Stengel und Blüten.

Vorbeugend: Lavendel oder Majoran unter Rosen, auch in Staudenrabatten und Erdbeerbeeten pflanzen. Auch Geranien halten Ameisen fern. Brennesseljauche und stark duftende Kräutertees etwa von Thymian, Majoran und Pfefferminze über die Laufstraßen gießen. Wermuttee auf freie Flächen und Laufstraßen gießen. Korallalgenkalk stäuben.

Bei starkem Befall: mit Zuckerwasser getränkten Schwamm als Köder auslegen und dann, wenn dieser schwarz von Ameisen ist, kochendes Wasser darübergießen. Mit Spruzit oder Eco-Ameisenstreumittel stäuben.

Apfelblütenstecher

siehe Blütenstecher

Apfelwickler
(LASPEYRESIA POMONELLA)

Pflaumenwickler
(GRAPHOLITA FUNEBRANA)

Apfelwickler, Kleinschmetterlinge mit dunklen, gefransten Flügeln, legen ihre Eier an den noch unreifen Früchten ab. Die 2 cm langen weißlichen Raupen mit rotbraunem Kopf und Nackenschild fressen sich in das Fruchtinnere ein; außen sind Kothäufchen sichtbar. Befallene Früchte fallen ab. Der Wickler fliegt von Juni bis August in der Dämmerung bei Temperaturen über 15°C, meistens in der 1. Julihälfte; bei warmen Temperaturen noch in der 2. Augusthälfte, was zu einer zweiten Generation führt. Tagsüber sitzt er mit zusammengefalteten Flügeln an Stamm oder Ast. Die Raupe überwintert beispielsweise in der Baumrinde oder auch in gelagertem Obst auf Regalen.

Wegameise betrillert Blattläuse.

Apfelwickler.

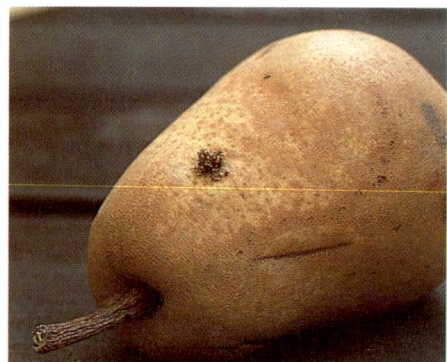
Kothäufchen der Apfelwicklerraupe an einer Birne.

<u>Vorbeugend:</u> natürliche Feinde, vor allem Vögel und Schlupfwespen schonen.
Den Flug des Apfelwicklers durch Lockfallen ermitteln: Gefäße mit Sirup oder Honigwasser, in dem frische Hefe aufgelöst wird, aufstellen; Äste oder Brettchen mit Honig, Melasse und ähnlichem bestreichen.
Kurz vor der Flugzeit Wermuttee in die Bäume spritzen, um damit den Apfelgeruch zu überdecken. Brennessel- und Rainfarntee und Schachtelhalmjauche im Wechsel in gleichen Zeitabständen auf die Bäume spritzen.
Spritzungen mit Hornmist- und Hornkieselpräparat. Ende Mai Wellpappe-Fangringe etwa 20 cm über dem Boden am Stamm anbringen, auf Raupen, die sich darin verkrochen haben, untersuchen und vernichten. 4 Wochen vor der Ernte Baumscheiben mit Korallalgenkalk und Holzasche stäuben.
Der grauschwarz gezeichnete **Pflaumenwickler** mit einer Flügelspannweite von 15 mm fliegt bei warmem Wetter in der Morgendämmerung (Mai, Juni und Juli, August). Da die Eier an den Früchten abgelegt werden, frißt sich die Raupe, karminrot mit bräunlichem Kopf, in Gängen ins Fruchtinnere. Die Früchte verfärben sich und fallen ab. Die Raupe überwintert und verpuppt sich im nächsten Frühjahr bis Frühsommer.

<u>Deshalb vorbeugend:</u> natürliche Feinde, Vögel (Meisen), Ohrwürmer, Schlupfwespen schonen. Fanggürtel anbringen (Juli bis September), dann entfernen und vernichten.
Bei Jungraupen ein Bacillus-thuringiensis-Präparat anwenden. Sonst Maßnahmen wie beim Apfelwickler.

Blasenfuß
(THRIPS SSP.)

1–2 mm lange bräunliche oder schwarze Insekten, deren Larven hell gefärbt sind. Es gibt meistens 3 Generationen pro Jahr, die Imagines überwintern. Bei warmem, trockenem Wetter können die Blasenfüße Erbsen, Lauch, Zwiebeln, Blumenkohl, Gurken, Tomaten und Gladiolen befallen. Die Insekten und ihre Larven saugen an den Blättern, so daß diese weißlich gescheckt aussehen; die Blattunterseite wird schmierig. An Erbsen bilden sich graue Flecken, an Zwiebeln kleine silbrige Punkte. Sind Anzuchtpflänzchen von Blumenkohl befallen, fehlt das „Herz".
<u>Vorbeugend:</u> Hornmist- und Hornkieselpräparat vorbeugend spritzen, Pflanzen oft überbrausen, Treibhäuser und Frühbeete gut lüften. Erbsen und Zwiebeln möglichst früh im Jahr aussäen bzw. setzen.
Setzlinge und Knollen in Lehmalgenextrakt, kombiniert mit dem Hornmistpräparat, tauchen. Mit Korallalgenkalk stäuben.
<u>Bei starkem Befall:</u> Pyrethrum- oder Rotenonmittel.

Blasenfuß.

Blattläuse

Die Eier der Blattläuse überwintern an den Pflanzen in Knospenwinkeln und in der Baumrinde. Im Frühjahr schlüpft dann die Stammmutter, die nun lebende Junge zur Welt bringt, alles Weibchen, die sich, ohne befruchtet zu werden (parthenogenetisch), weitervermehren, indem auch sie lebende Junge gebären. Bei etwa 20°C braucht dann das Jungtier etwa 8 Tage, bis es ausgewachsen ist, so daß es in einem Sommer 13–16 Blattlausgenerationen gibt.

Erst im Herbst werden auch Männchen ausgebildet, und nach der Befruchtung legen die Weibchen die schwarzen, glänzenden Wintereier. Ab Mai entstehen auch geflügelte Tiere, die sich bei günstiger Witterung vom Wind forttragen lassen und neue Blattlauskolonien an ihren Sommerwirten, einjährigen Kultur- und Wildpflanzen, gründen.

Blattläuse sind eine wichtige Nahrungsquelle für viele Nützlinge: für Marienkäfer und ihre Larven, für Florfliegenlarven, Schlupfwespen, Schwebfliegenlarven, Raubmilben, Raubwanzen, Ohrwürmer und schließlich die Vögel.

Selbst wenn Blattlauskolonien nur eine geringe Dichte haben, können die Tiere Pflanzenkrankheiten übertragen. Durch das Saugen an den grünen Blättern entziehen sie den Pflanzen Nährstoffe und verursachen dadurch Wachstumshemmungen und Blattverformungen. Ihre zuckerhalti-

Blattlausbesatz an einem Stengel.

gen Honigtauausscheidungen ziehen einige Arten von Ameisen an. Durch die vermehrte Honigtaubildung entsteht auf Blättern und Früchten der schwarze Rußtau.

Vorbeugend: natürliche Feinde, Blutlauszehrwespen, Marienkäfer, Ohrwürmer, Schlupfwespen und Schwebfliegen fördern. Gesunde Pflanzen, die nicht durch triebiges Wachstum (oftmals aufgrund von Stickstoffüberdüngung) aufgeschwemmt sind, können auch einen gewissen Blattlausbefall verkraften. Aber auch Unterdüngung sollte man vermeiden. Im Boden sollte es weder Verdichtungen noch einen Nässestau geben.

Da eine große Trockenheit für Blattläuse günstig ist, kann bei schwachem Befall schon ein kräftiges Wässern helfen; Bodenlockerung und Bodenbedeckung führen ebenfalls zu dem erwünschten Erfolg. So sollte man – in regelmäßigen Abständen – je nach Gemüseart vormittags oder nachmittags das Hornkieselpräparat ausspritzen, um die Pflanzen zu stärken (nachdem man vorher mit dem Hornmistpräparat gearbeitet hat).

Während des Austriebs eine Blattdüngung mit Algenflüssigdünger (Algifert) oder mit Brennesseljauche. Alle natürlichen Blattlausfeinde schonen und dabei bedenken, daß alle diese Nützlinge eine längere Entwicklungszeit haben als die Blattläuse und nicht alle zur gleichen Zeit auftreten.

Blattlausgeburt.

An Blättern saugende Blattläuse.

Als Fangpflanzen für Blattläuse dienen Brennesseln unter Obstbäumen und Schwarzer Holunder. Lavendel, neben Rosen und Margeriten gepflanzt, wehrt Blattläuse ab; Bohnenkraut neben Bohnen hält diese läusefrei.

Bei Befall: Die trockene Wärme liebenden Blattläuse entgegen allem Gärtnerbrauch mittags bei voller Sonne mit intensivem Kaltwasserstrahl vertreiben. Mehrfach spritzen mit Kartoffelschalenbrühe (von Pellkartoffeln, ohne Salz) und Zwiebelschalenbrühe.

Mehrfach an 3 aufeinanderfolgenden Tagen mit Brennessel-Kaltwasserauszug spritzen.

Eine Mischung aus 10 g Rainfarn zu 20 g Schachtelhalmdroge auf 1 l Wasser als Tee an mehreren aufeinanderfolgenden Tagen spritzen. Schachtelhalmjauche an mehreren Tagen hintereinander sprühen, eventuell mit 3%iger Schmierseife. Adlerfarnjauche, zehnfach verdünnt, mehrfach sprühen, Wermuttee spritzen, dreifach verdünnt. Allen Spritzmitteln ein Haftmittel beigeben. Durch Stäuben mit Gesteinsmehl und Algenkalk wird den Tieren Flüssigkeit entzogen, sie trocknen aus.

0,5–2%ige Schmierseifenlösung oder Quassiaholz-Seifenbrühe bei bedecktem Wetter spritzen. Nur in Ausnahmefällen ein flüssiges Pyrethrummittel zusammen mit der gleichen Menge Algenflüssigdünger geben.

Grüne Apfelblattlaus
(APHIS POMI)

Larven und ungeflügelte Tiere sind blattgrün, bei den geflügelten Tieren sind Kopf und Beine braunschwarz. Sie kommt an Kernobst, Weißdorn und Cotoneaster vor und wechselt den Wirt nicht. Sie wird von Ameisen besucht. Die Kolonien sitzen verstärkt an den Jungtrieben, besonders bei jungen Bäumen. Genaue Kontrolle der Triebspitzen ist notwendig. Es treten Blattrollung und Wachstumshemmungen der befallenen Triebe auf.

Mehlige Apfelblattlaus
(DYSAPHIS PLANTAGINEA)

Die Larven sind rötlich, die ausgewachsenen Tiere graubraun, später durch Wachsbelag weißlichgrau. Ab Juni fliegen die Tiere auf ihre Nebenwirte Kerbel, Wegericharten, Stumpfblättrigen Ampfer. Sie verursachen an Jungbäumen starke Blattrollung, Triebstauchungen und Verkümmerungen durch Wachstumshemmung.

Alle oben genannten Maßnahmen anwenden. Bei älteren Obstbäumen mit allen Spritzungen etwas warten, damit man nicht den vielen natürlichen Blattlausfeinden ihre Nahrung entzieht.

Die **Apfelgraslaus** und die **Apfelfaltenlaus** richten meist nur geringen Schaden an.

Schwarze Bohnenblattlaus
(APHIS FABAE)

Die Tiere sind schwarz bis schwarzgrün mit gelblichweißen Fühlern und Beinen. Sie werden von Ameisen besucht. Von ihren Winterwirten, dem Gemeinen Schneeball und dem Pfaffenhütchen, wandern sie ab Ende April auf Bohne, Gurke, Tomate, Rhabarber, Mohn, Dahlie und verschiedene Kräuter. Durch die Schädigung wird der Fruchtansatz verhindert.

Vorbeugend: frühe Aussaat und luftiger Stand. Nach Hornmistgabe regelmäßige Hornkieselspritzungen für eine umfassende Pflanzenstärkung. Das Ausknipsen befallener Triebspitzen ist sinnlos, da erneutes Wachstum und Saftzufuhr angeregt und damit erneuter Befall begünstigt werden.

Rhabarberauszug: 500 g grob geschnittene Rhabarberblätter bis zu 24 Stunden in 3 l Wasser einweichen und dann ausspritzen. Die von der Bohnenlaus bevorzugte Kapuzinerkresse kann an den Blattunterseiten schwarz von Läusen sein, ersichtlich ohne Schaden zu nehmen; deshalb als Fangpflanze setzen. Auch die Ringelblume, zwischen Bohnen und Gurken gepflanzt, und die dicke Bohne (Vicia faba) dienen als Fangpflanzen.

Alle anderen Maßnahmen wie oben.

Grüne Erbsenblattlaus
(ACYRTOSIPHON PISUM)

Das Tier ist 3–6 mm lang, graugrün bis rötlich, mit Wachsschicht. Die Eier überwintern an Klee, Luzernen und anderen Leguminosen.

Schäden und Maßnahmen wie oben.

Johannisbeerblattlaus
(APHIS SCHNEIDERI)

An roten und schwarzen Johannisbeeren; dunkelgrau bis grün, leichte Wachsschicht. Schäden und Maßnahmen wie oben.

Grüne Pfirsichblattlaus
(MYZUS PERSICAE)

Die ungeflügelten Tiere sind oliv- bis hellgrün. Die Laus überwintert auf dem Pfirsichbaum als Ei, kann jedoch bei entsprechend milder Temperatur auch auf dem Sommerwirt oder im Gewächshaus überwintern. Kein Ameisenbesuch. Das Tier kann erheblichen Schaden anrichten, weil es über 400 verschiedene Pflanzenarten als Sommerwirte besucht, unter anderem Kartoffeln, Salat, Peperoni, die auch am stärksten befallen sind (Juli, August). Es

entstehen Kräuselungen und Blattaufhellungen. Viruskrankheiten an Kartoffeln werden übertragen.

Sonst Schaden und Maßnahmen wie oben.

Schwarze Kirschenblattlaus
(MYZUS CERASI)

Die Kolonien der glänzendschwarzen Tiere sitzen an den Blattunterseiten, besonders bei Jungbäumen. Die Blätter rollen sich, es treten Wachstumshemmungen auf. Die schwarzen Kirschenläuse werden besonders gern von Ameisen besucht. Im Juli wandern die Tiere auf ihre Nebenwirte Labkraut und Ehrenpreis.

Alle oben genannten Maßnahmen.

Rosenblattlaus
(MACROSIPHUM ROSAE UND ANDERE)

Die Farben: von Grün über Rot bis Zitronengelb, immer mit leichter Wachsschicht. Nebenwirte: Kardengewächse, darunter die Artischocke, Baldrian, bisweilen Erdbeere, Apfel- und Birnbaum. In der Folge: Knospen welken, junge Triebe kräuseln sich, Blätter verkleben, Rußtau.

Maßnahmen wie oben. Außerdem: Tomatenjauche (aus Geizen) spritzen.

Blattlausweibchen mit Eiern.

Grüne Zwetschgenblattlaus
(BRACHYCAUDUS HELICHRYSI)
Die ungeflügelten Tiere sind hellgrün. Nebenwirte: Aster, Kornblume, Löwenzahn, Schafgarbe und andere Kräuter.

Mehlige Zwetschgenblattlaus
(HYALOPTERUS PRUNI)
Hellgrün, weißlichgrau bemehlt durch Wachsbildung. Nebenwirte: Schilfgräser. Schaden und Abwehr wie oben.

Blattrandkäfer
(SITONA LINEATUS)
Ein kleiner, 4–5 mm langer Rüsselkäfer, graubraun mit hell-dunkelgestreiften Flügeldecken. Die Larven sind etwa 6 mm groß. Die Käfer fliegen bei warmem Wetter (Mai und Juni). Im Oktober legen sie bis zu 100 Eier an Blätter und Stengel von Erbse, Klee, Luzerne, Saatwicke, Ackerbohne. Eier, Puppen und ausgewachsene Tiere können überwintern. Die Larven verpuppen sich im Boden. Charakteristisch das Fraßbild: runde, bogenförmige Löcher im Blattrand. Die Larven fressen an den Wurzeln. Die Pflanzen kümmern dahin. Der Schaden ist jedoch meist unerheblich.
Vorbeugend: Erbsen und Bohnen können schon oft während des Keimens angefressen werden. Deshalb möglichst Aussaattage beachten (nach Maria Thun). Saatgut in Kamillentee baden, aber nicht aufquellen lassen und sofort säen. Regelmäßige Hornmist- und Hornkieselspritzungen. Jugendwachstum der Pflanze stärken durch Blattdüngung (Algifert) und Brennesseljauchespritzungen (20fach verdünnt). Fruchtwechsel. Rainfarn- oder Wermuttee einmal spritzen. Mit Korallalgenkalk stäuben.
Bei starkem Befall: Quassia-Seifenbrühe spritzen, nach 2–3 Tagen Schachtelhalmtee; Pyrethrum- oder Rotenonmittel.

Blattsauger

Apfelblattsauger
(PSYLLA MALI)

Apfelblattsauger.

Birnblattsauger
(PSYLLA PIRICULA)
Den Schaden richten nicht die ausgewachsenen Tiere (gelbbraun, etwa 3,5 mm lang) an, sondern die gelbgrünen bis gelbbraunen Larven, die sofort nach dem Ausschlüpfen an den Knospen und Blüten zu saugen beginnen und sich während der Blüte zum Vollinsekt entwickeln. Apfelblattsauger überwintern als Eier, Birnblattsauger als geflügelte Insekten in der Rinde. Im Frühjahr legen diese dann kleine dunkelgelbe Eier an die jungen Triebe. Die Larven scheiden auch Honigtau aus. An Blättern und Früchten der Birne entsteht Rußtau. Durch das Saugen verkrüppeln Blätter und Triebspitzen.
Vorbeugend: natürliche Feinde (Meisen, Schlupfwespen, Raubwanzen) schonen. Stammsäuberung und -anstrich bei der Birne. Hornmist- und Hornkieselpräparat spritzen, letzteres zum ersten Mal kurz vor der Blüte, zum zweiten Mal, wenn sich die Blätter voll entwickelt haben, zum dritten Mal nach dem Fruchtansatz (Früchte etwa 2 cm groß) und schließlich kurz bevor die Früchte reif sind.
Nur bei starkem Befall: Pyrethrummittel.

Blütenstecher

Apfelblütenstecher
(ANTHONOMUS POMORUM)

Apfelblütenstecher, Schadbild.

Die überwinternden Käfer (3–5 mm lang) legen im Frühjahr Eier in die Apfelblütenknospen, dann zerstören die ausschlüpfenden Larven das Knospeninnere. Die Knospe wird braun.
Vorbeugend: vor der Blüte Fangringe aus Wellpappe um die Stämme binden; frühmorgens und nach Beginn einer feuchten Witterungsperiode abnehmen. Bei warmem Wetter Käfer tagsüber abschütteln. Spritzungen aus Schmierseife und Brennspiritus (100 l Wasser, 1 kg Seife, 2 l Brennspiritus) zweimal innerhalb von 14 Tagen vor der Blüte.

Erdbeerblütenstecher
(ANTHONOMUS RUBI)

Diese Rüsselkäfer (3–4 mm lang) legen ihre Eier in Erdbeer-, Himbeer- und Brombeerblüten ab, beißen dabei die Stengel der Blütenknospen durch, so daß diese vertrocknen. Die weiße Larve verpuppt sich in der abgefallenen Blüte oder im Boden.
Vorbeugend: Da der Käfer im Boden oder unter abgestorbenem Pflanzenmaterial überwintert und erst ab Temperaturen über 18°C aktiv wird, ist eine Bodenbedeckung mit Farnkraut im frühen Frühling

oder schon nach der Ernte sinnvoll. Der Rüsselkäfer meidet Farnkraut.
Bei Befall: Man spritzt sofort nach der Beerenernte Pflanzen und Boden mit Rainfarntee. Pyrethrum- oder Rotenonmittel nur bei starkem Befall.

Blutlaus
(ERIOSOMA LANIGERUM)

Wenn das Tier zerdrückt wird, entsteht ein braunroter Fleck, daher der Name. Die Blutlaus ist etwa 2 mm groß, braunrot und unter weißen, wolligen Wachsausscheidungen halb verborgen. Den ganzen Sommer über entstehen flügellose Tiere, die in der Rinde des Stammes, am Wurzelhals, auch an Wurzeln sitzen. Ab Mai erscheinen sie auch auf Trieben und Zweigen, vor allem an Apfelbäumen. Sie vermehren sich ungeschlechtlich, etwa 100 Jungtiere pro Blutlaus. Es gibt 10–12 Generationen im Jahr. Im Spätsommer sorgen geflügelte Tiere für weitere Ausbreitung.
Blutläuse überwintern als Larven in der Rinde. Durch den Speichel der Läuse wird beim Saugen das Kambium aufgetrieben, die Rinde platzt, und es kommt zu Wucherungen (Blutlauskrebs).
Vorbeugend: natürliche Feinde, vor allem Marienkäfer (Coccinellidae) und die **Blutlauszehrwespen** (Aphelinus mali) schonen. Widerstandsfähige Apfelsorten und Unterlagen wählen. Überdüngung vermeiden. Stämme und Baumscheiben mit Horn-

Blutlaus, stark vergrößert.

mistpräparat spritzen. Hornkieselpräparat zu den angegebenen Zeiten (viermal) ausspritzen. Die damit verbundene Pflanzenstärkung aktiviert das Wachstum. Kapuzinerkresse, unter die Obstbäume gepflanzt, wehrt die Blutlaus ab. Im Herbst Bäume mit Brennesseljauche spritzen.

Bei Befall: befallene Zweige entfernen und gut ausschneiden. Blutlauskolonien (etwa am Stamm) gründlich ausbürsten; mit unverdünntem Auszug der Kapuzinerkresse oder des Adlerfarns Kolonien einpinseln; der streng riechende konzentrierte Saft tötet die Blutläuse. Bei stärkerem Befall mit einer Lösung aus Schmierseife (2%) und Spiritus (1–3%) bespritzen oder bepinseln.

Dickmaulrüßler
(OTIORHYNCHUS SULCATUS)

Dickmaul-
rüßler.

Etwa 10 mm langer schwarzer Rüsselkäfer, der sich tagsüber am Fuß der Pflanzen versteckt hält. Nachdem die Käfer Ende Mai geschlüpft sind und etwa 4 Wochen lang nachts an den Blättern von Erika, Rhododendron, auch von Rosen, Erdbeeren und Reben gefressen haben, legt jedes Insekt mehrere hundert Eier in den Boden. Nach 3 Wochen schlüpfen die Larven. Sie fressen an den Wurzeln und am Wurzelhals und können bei starkem Befall ziemliche Schäden verursachen. Die Larven sind 10 mm lang, gelblichweiß mit braunem Kopf. Sie überwintern. Es gibt (parthenogenetisch) nur 1 Generation im Jahr.

Vorbeugend: Da der Dickmaulrüßler torfreichen Boden liebt, Torfgaben meiden. Statt mit Torf den sauren Boden für die Moorbeetpflanzen (Erika, Rhododendron) mit Sägemehlkompost abdecken, der mit organischen Düngern und etwas Algenkalk angereichert ist. Wird diesem Sägemehlkompost nur wenig Kalk zugesetzt, so ist er mit seinem niedrigen pH-Wert für saure Böden gut geeignet – und in jeder Hinsicht besser als Torf. Boden gut lockern.

Bei Befall: Käfer nachts absammeln. Larven an den Wurzeln ablesen. Pflanzen umsetzen. Wurzelbereich freilegen und mit Rainfarntee ausgießen. Spritzungen der Blätter mit Rainfarntee und bei starkem Befall mit Pyrethrummitteln.

Drahtwurm,
Larve des Schnellkäfers

(ELATER SANGUINEUS)

Die Larven sind 23 mm lang, dünn, weißgelblich glänzend, mit harter Haut. Sie schlüpfen von Juli bis Anfang August aus. Die etwa 0,5 mm langen Eier liegen 1–2 cm tief im Boden. Der Käfer ist etwa 14 mm lang und schwarz.

Die Larven bohren sich in Kartoffeln und Rüben ein, sie fressen an Wurzeln von Salat- und Getreidepflanzen und beißen auch junge Pflanzen durch. Die feuchtig-

Schadbild.

„Drahtwurm", Larve des Saatschnellhüters.

keitsliebenden Drahtwürmer treten vor allem in Böden auf, die in zu nassem Zustand bearbeitet wurden. Es können auch ganz neu bestellte Böden, beispielsweise nach einem Wiesenumbruch, sein.

Vorbeugend: Boden gut bearbeiten und lockern. Nach Gründüngung Korallalgenkalk oder Steinmehl zugeben. Hornmistpräparat spritzen. Bei neu bestellten Flächen im 1. Jahr Bohnen, Erbsen und Kohl anbauen, noch nicht Kartoffeln. So früh wie möglich ernten. Mischkultur ist hier sehr zu empfehlen.

Bei Befall: Salat als Fangpflanzen setzen. Wenn die Salatpflanze welkt, vorsichtig den Wurzelhals freilegen und Drahtwürmer absammeln. Kartoffeln, Rüben oder Tomaten durchschneiden und mit der Schnittfläche in den Boden drücken. Die Drahtwürmer bohren sich in den Köder ein und können dann abgesammelt werden. Neben dem Maulwurf, der Spitzmaus, Kröten, Laufkäfern und Vögeln (Krähen, Staren) sind auch Hühner natürliche Feinde: Man sollte diesen auf der zu bestellenden Fläche Auslauf geben, sofern es möglich ist.

Erbsengallmücke
(CONTARINIA PISI)

Diese nur 2 mm langen gelben Insekten mit schwarzen Fühlern und dunklen Querbinden an der Unterseite legen ihre länglichen, gestielten Eier an die Sproßspitzen oder zwischen die Kelchblätter der Erbse (Mai, Juni), die sich dann durch Ausscheidungen der Larven verdicken. Auch die Hülsen (Schoten), an denen die roten Larven fressen, werden an der Innenwand aufgetrieben: Es entstehen Gallen. Die Larven verpuppen sich im Boden und überwintern dort.

Bei Befall erntet man nur wenige Schoten, die zudem noch verkrüppelt sind. Triebstauchung.

Vorbeugend: Erbsen früh im Jahr anbauen, damit die Pflanzen kräftig sind, wenn die Tiere fliegen. Während der Flugzeit der Mücke mehrfach regelmäßig mit Rainfarn- oder Wermuttee spritzen. Regelmäßig Hornmist- und Hornkieselspritzungen.

Bei Befall: Rotenon- oder Pyrethrummittel spritzen. 2 Jahre keine Erbsen anbauen, dann Fruchtwechsel.

Erbsenwickler
(LASPEYRESIA NIGRICANA)

Der olivfarbene Schmetterling fliegt im Mai und Juni und legt seine Eier auf Blattunterseiten, Kelchblätter und die Hülsen von Schmetterlingsblütlern, vor allem von Erbsen und Bohnen. Die grüngelbe Raupe mit schwarzem Kopf frißt die Samen (Erbsen, Bohnen) in der Schote; sichtbar sind Kotklümpchen an den Samen. Dann verläßt sie die Erbse und überwintert in der Erde. Im Frühjahr verpuppt sie sich.

Vorbeugend: luftigen Standort wählen. Mischkultur mit Möhren, Senf, Calendula und Tomaten. Tomatengeruch weist Schmetterlinge ab. Deshalb auch Tomatenkaltwasserauszug über die Pflanzen sprühen, um Wickler an der Eiablage zu hindern. Aussaat vor oder nach der Flugzeit und damit der Eiablage (Mai und Juni). Brennessel-, Wermut- und Rainfarntee (zu je einem Drittel) spritzen. Korallalgenkalk stäuben. Bei Befall: Pyrethrummittel zweimal zum Ende der Blütezeit hin am Abend spritzen.

Larven des Erbsenwicklers.

Erdbeerblütenstecher

siehe Blütenstecher

Erdfloh
(PHYLLOTRETA; AUCH KOHLERDFLOH)

Diese Blattkäfer lieben trockene Wärme. Sie sind 1,5–3 mm groß, dunkelgrünblau oder schwarz glänzend. Mit ihren verdickten Hinterbeinen können sie gut springen. Im Frühling fressen sie an Salat und an Radieschen, Rettich, Kohlrabi und anderen Kohlpflanzen. Die Eier werden ab Mai in die Erde gelegt. Die Larven verpuppen sich im Boden, etwa 20 cm tief. Ab Juni erscheinen dann die voll ausgebildeten Käfer der 2. Generation. Sie überwintern unter Laub am Boden. Oft sind die befallenen Blätter total durchlöchert.

Blattkäfer mit Fraßspuren an einer Kirsche.

Vorbeugend: Boden locker und feucht halten. Bodenbedeckung. Früh säen und pflanzen. Hornmist- und Hornkieselpräparat regelmäßig geben. Mischkultur mit Tomaten, deren Geruch die Erdflöhe nicht mögen. Mischkultur mit Salat und Spinat, die rasch den Boden bedecken und schattig halten. Busch- und Stangenbohnen halten Radieschen und Rettich vom Erdfloh frei. Algenkalk und Steinmehl morgens auf noch nasse Pflanzen und Böden geben. Bei Befall: unverdünnte Wermut- oder Rainfarnbrühe zweimal pro Woche auf die Pflanzen ausspritzen. Bei starkem Befall Rotenonmittel stäuben.

Erdraupen,

die Raupen von Eulenfaltern
(NOCTUIDAE)

Die graubraunen Eulenfalter fliegen in der Nacht. Auch die Raupen sind lichtscheu und fressen nur nachts. Tagsüber sind sie in der Erde versteckt. Wenn sie gestört werden, rollen sie sich ein. Sie sind schmutziggrau, bräunlich oder rötlich mit seitlichen Längsstreifen. Es gibt Arten, die nur eine Generation im Jahr bilden.
Bei der Saateule fliegt die 1. Generation Ende Mai bis Ende Juni, die zweite Mitte

August bis Ende September. Die Raupen der 2. Generation überwintern dann im Boden.

Die Erdraupen treten ab frühem Frühjahr und verstärkt im Herbst auf. Sie fressen an Setzlingen von Salat, Kohl und Erdbeeren, auch an Kartoffeln, Möhren, Radieschen, Sellerie und Spinat. Zuerst fressen sie an den Blättern, dann an Stengel und Wurzelhals. Bei konsequentem biologischen Anbau können sich, bedingt durch die Arbeit der Bodenbakterien, die Eier nicht entwickeln.

Vorbeugend: Laufkäfer, Kröten, Amseln und Hühner sind natürliche Feinde der Erdraupen. Enten vergiften sich, wenn sie zuviel davon fressen. Hornmist- und Hornkieselpräparat regelmäßig ausspritzen. Tomatenkaltwasserauszug während der Flugzeit auf die Beete gießen oder sprühen. Der starke Geruch vertreibt die Eulenfalter. Ebenso günstig wirkt bei Kohlpflanzen ein Kaltwasserauszug von Blättern des Schwarzen Holunders. Farnkraut zwischen die Pflanzen legen. Salbei-, Ysop- und Thymiantee gießen oder ausspritzen. Schmetterlinge mit verdünntem Apfelgelee fangen. Wiederholt Erdreich um die gefährdeten Setzlinge 1–2 cm aufhacken.

Bei Befall: Raupen ablesen, tagsüber im und am Boden, nachts auf den Pflanzen. Am späten Abend, wenn die Raupen hervorgekommen sind, ein Bacillus-thuringiensis-Präparat spritzen oder stäuben; im Jugendstadium der Raupen am wirkungsvollsten. Bei starkem Befall einen Köder aus 200 g Pyrethrum, 200 g Weizenkleie, 20 g Zucker und 400 ml Wasser hinstellen.

Kleiner Frostspanner
(OPEROPHTHERA BRUMATA)

Die gelblich-bräunlichen Frostspannermännchen, die eine Flügelspannweite von 20–30 mm haben, fliegen im Spätherbst und Winter (Oktober bis Dezember). Das flugunfähige Weibchen wandert am

Raupe des kleinen Frostspanners.

Stamm in die Obstbaumkronen hinauf, wo es in der Nähe der Winterknospen 200–300 Eier in der Rinde ablegt. Die erst blaßgrünen, später orangefarbenen Eier überwintern.

Die 20 mm langen grünlichen Räupchen, die man an ihrer Katzbuckelbewegung erkennen kann, fressen im Frühjahr die jungen Blättchen, Blüten und Knospen, auch junge Früchte. Bei starkem Befall kann es sogar bis zu Kahlfraß kommen.

Die Larven lassen sich an einem Faden auf den Boden herunter und bleiben dort als Puppen, bis sie im Herbst als voll ausgebildete Imagines schlüpfen. Außer Laub- und Obstbäumen wie Apfel, Birne, Kirsche können auch Sträucher wie Weißdorn, Hainbuche, Hasel befallen werden.

Vorbeugend: Vögel durch Nistkästen fördern, Hühner in den Obstgarten lassen; sie fressen die sich verpuppenden Raupen (Mai und Juni). Leimringe um den Stamm (September bis Dezember) fangen die Weibchen, die den Stamm hinaufwandern. Danach Leimringe vernichten und Bäume unterhalb des Fanggürtels gut reinigen (abbürsten). Baumanstrich.

Bei Befall: Winterspritzung mit Schmierseife und Brennspiritus. Vor der Blüte ein Bacillus-thuringiensis-Präparat ausstäuben oder -spritzen, ein Pyrethrumpräparat bei starkem Befall.

Gespinstmotten

Apfelgespinstmotte
(HYPONOMEUTA MALINELLUS)

Pflaumengespinstmotte
(HYPONOMEUTA PADELLUS)

Die Motten sind weißgrau mit einer Flügelspannweite von 20 mm. In den Gelegen von 20–80 Eiern überdecken sich die Eier dachziegelartig – vom Weißlichen ins Rötlichbraune wechselnd –. Die gelben Raupen sind 15–20 mm lang. Die weißen Kokons stehen sehr charakteristisch im Gespinst dicht beieinander. Wenn die Weibchen von Juni bis August ihre Eier an dünnen Ästen abgelegt haben, bedecken sie diese mit einem Sekret, so daß die ausgeschlüpften Räupchen unter dieser Schutzschicht überwintern können.

Auch an Quitten, bisweilen an Pfirsichen und Aprikosen, außerdem an Schlehen und am Weißdorn tritt die Gespinstmotte auf. Die Raupen fressen Laub und Knospen. Ihre typischen weißen Gespinste bilden sie im Mai und Juni zur Verpuppung. Bei starkem Befall kann es vorkommen – aber selten –, daß die Raupen alles Laub von den Bäumen fressen und daß ganze Partien der Bäume mit weißen Gespinsten überzogen sind.

Vorbeugend: Natürliche Feinde sind Vögel und Schlupfwespen. In einem Garten, in dem ein gutes biologisches Gleichgewicht herrscht, wird die Gespinstmotte nicht zum Problem. Weißdorn als Fangpflanze für die Pflaumengespinstmotte setzen. Baumanstrich. Wie immer bei Obstbäumen mit Hornmist- und Hornkieselpräparat arbeiten. Fünfmal alle 10 Tage mit Rainfarnbrühe oder Brennesseljauche spritzen.

Bei Befall: Ästchen mit den besponnenen „Nestern" ausschneiden und mit heißem Wasserstrahl vernichten. Mit einer Mischung aus Schmierseife (10%) und Spiritus (2%) spritzen. Jungraupen mit einem Bacillus-thuringiensis-Präparat bekämpfen.

Haselnußbohrer oder Haselrüsselkäfer
(CURCULIO NUCUM)

4–6 mm große hellbraune Käfer mit sehr langem Rüssel und charakteristischen Fühlern. Sie legen ihre Eier in die noch unreifen Nüsse ab. Die schlüpfenden Larven ernähren sich von den Nüssen, die sie erst zur Verpuppung verlassen. Natürliche Feinde sind alle zierlichen Vögel, die sich an den dünnen

Gespinst mit Puppen an Schwarzdorn.

Haselnußbohrer.

Ästchen des Haselnußstrauchs halten können.
Nur bei starkem Befall (selten) mit einer Mischung aus Weinbergseife (1%) und Spiritus (2%) spritzen.

Kartoffelkäfer
(LEPTINOTARSA
DECEMLINEATA)

Etwa 11 mm große, oval gewölbte, gelb glänzende Käfer mit schwarzen Längsstreifen. Die Larven (15 mm) sind rot mit schwarzem Kopf, schwarzen Warzen und Beinen. Die orangeroten Puppen sind etwa 10 mm lang. Die ovalen gelben Eier werden an der Blattunterseite abgelegt und sind leicht mit Marienkäfereiern zu verwechseln.

Nachdem sie etwa 25–50 cm tief im Boden überwintert haben, kommen die Jungkäfer bei 14–15°C hervor und fressen etwa 14 Tage lang an den jungen Blättern, um dann an den Blattunterseiten von Kartoffeln, auch (seltener) von Tomaten und anderen Nachtschattengewächsen, ihre Eier – immer ganze Gelege – abzulegen. Die Larven fressen das Kartoffelkraut unter Umständen bis auf die Stengel ab. Im Erdboden in etwa 5–20 cm Tiefe verpuppen sie sich und schon nach 1–2 Wochen schlüpfen die Jungkäfer, die nun auch an den Kartoffelknollen fressen. Die Entwicklung eines Kartoffelkäfers dauert 1–2 Monate.

Schon im August verkriechen sich viele Jungkäfer in die Erde zur Überwinterung. Auch in Kartoffeln fressen sie sich ein und werden so verschleppt. An warmen Tagen fliegen die Kartoffelkäfer und breiten sich auf diese Weise aus. Bei starkem Kartoffelkäferbefall wird der Ernteertrag spürbar geringer.

Vorbeugend: nur widerstandsfähige Saatkartoffeln verwenden, die noch nicht mit chemischen Mitteln behandelt wurden. Hornmistpräparat ausbringen, Hornkiesel-

Kartoffelkäfer bei Eiablage.

präparat spritzen, zunächst wenn sich die Blütenansätze zeigen, dann in regelmäßigen Abständen nachmittags oder abends während der Ausbildung der Knollen. Die Kieselsäure sorgt für Festigkeit und erhöhtes Wachstum.

Zur Wachstumsförderung auch Brennesseljauche oder Algendünger spritzen. Blätter mit Gesteinsmehl überstäuben.

Kartoffelkäferlarve.

Mischkultur: Meerrettich und Taubnessel an den Rand der Kartoffeläcker pflanzen. Kartoffeln mit einem Kaltwasserauszug aus Tomatengeizen spritzen; dies hält Kartoffelkäfer fern. Wirkstoffe der Tomaten hemmen die Entwicklung der Larven (jedoch keine Mischkultur mit Tomaten anlegen).

Die natürlichen Feinde sind Vögel, auch solche, die wir wieder heimisch machen sollten, wie die Dorngrasmücke, der Wiedehopf, aber auch die langbeinigen Spinnen, die Weberknechte, die Kartoffelkäferlarven vertilgen.

Bei Befall: vorgekeimte Frühkartoffeln als Fangpflanzen verwenden, Käfer absammeln, zum Jaucheansatz verwenden und die Jauche wiederholt über die Stauden ausspritzen. Oder: Käfer töten, verbrennen, die Asche eine Stunde verreiben, mit Wasser eine „Verdünnung" herstellen – die Dezimalpotenz D 8 wird von Maria Thun empfohlen – und bald ausspritzen (siehe Einleitung). Larven am Vormittag mit Korallalgenkalk überstäuben.

können Hühner die Puppen aus der obersten Bodenschicht vertilgen. Bodentemperatur auf der Baumscheibe, wo sich die Puppen befinden, durch Mulchen reduzieren: Die Fliege schlüpft erst bei genügender Bodenerwärmung, und unterdessen können sich die Früchte entwickeln.

Hornmistgaben. Viermal das Hornkieselpräparat spritzen. Die grünen Kirschen mit Holzasche stäuben und dann nach 1 Woche mit Schachtelhalm- und Brennesseljauche spritzen. Auch Wermuttee spritzen, da die Eiablage dadurch erschwert wird, 3 Wochen nach der Blüte beginnend mehrmals.

Kirsche mit Einstichstellen.

Kirschenfruchtfliege
(RHAGOLETIS CERASI)

Sie hat Stubenfliegengröße, ein dreieckiges gelbes „Schildchen" auf dem Rücken und 4 schwarze Flügelquerverbindungen. Sie fliegt Mitte Mai bis Juli und legt ihre Eier an grüne und reifende Süßkirschen. Die Made frißt das Fruchtfleisch in Kernnähe, das dann widerlich schmeckt und fault. Sie verläßt die Kirsche und verpuppt sich in 4 mm langen „Tönnchen" im Boden, wo sie überwintert.

Befallen werden vor allem Kirschbäume an warmen, tiefer gelegenen Standorten. Frühe Sorten sind weniger gefährdet. Nebenwirt: rote Heckenkirsche.

Vorbeugend: vorzeitig herabfallende Früchte auflesen. Kirschen so bald wie möglich pflücken. Neben anderen Vögeln

Bei Befall: Schachtelhalmjauche spritzen. Gelbe leimbestrichene Tafeln als Fallen aufhängen. Gelb zieht die Fliegen an. Nur im Notfall Pyrethrummittel spritzen.

Kohldrehherzgall-mücke
(CONTARINIA NASTURTII)

Bei allen Kohlsorten verformen sich die Blätter und faulen. Es entstehen die typischen Gallen.

Vorbeugend: Mischkultur mit Tomaten. Beim Pflanzen die Flugzeit der Mücke (Ende Mai, Anfang Juni) beachten. Die Anbaufläche mit Korallalgenkalk behandeln.

Drehherzgallmücke an Treibkohlrabi.

Kohlfliegenlarve.

Bei Befall: Pyrethrum- und Rotenonmittel dreimal wöchentlich spritzen.

Kohlerdfloh,
siehe Erdfloh

Kleine Kohlfliege
(PHORBIA BRASSICAE)

Sie ist 5–6 mm lang und grau; die am Wurzelhals abgelegten Eier sind 1 mm groß und weiß; daraus schlüpft die Made, die 8 mm lang wird. Die Kohlfliege fliegt zur Eiablage (Ende April/Anfang Mai), wenn der Frühkohl gepflanzt wird. Gefährdet sind vor allem Pflanzen, die an ihrem endgültigen Standort zu tief gepflanzt werden. Besonders das kleine Stück des Stengels, das im Saatbeet noch am Licht war und nun in der Erde steckt, ist „ideal" für die Eiablage. Die Maden fressen die zarte Kambiumschicht am unteren Stengel und an der Wurzel; die Pflanzen verfärben sich bleigrau und sterben ab. Außer an Kohl auch an Rettich, Rüben, Raps und Senf.
Vorbeugend: Setzlinge vor und nach, aber nicht während der Flugzeit der Kohlfliege pflanzen. Anzuchtkästen mit Gaze überspannen, um die Eiablage zu verhindern.

Keinen frischen, unverrotteten Mist geben; er zieht die Kohlfliege geradezu an. Mischkultur mit Tomaten, der Tomatengeruch wirkt abweisend. Gründüngungspflanzen (Klee beispielsweise), aber keine Kreuzblütler, einsäen. Das fördert die Laufkäfer, die natürlichen Feinde, und vermindert die Eiablage. Bodenbedeckung mit stark riechenden Kräutern (z. B. Farn).
Bei Befall: Wenn die Blätter welk werden, dreimal in regelmäßigen kurzen Abständen Wermuttee direkt in das „Herz" einer jeden Pflanze geben. Wurzelhals während der Eiablage mit Schmierseifenlösung spritzen. Befallene Pflanzen samt umgebender Erde entfernen.

Kohlfliege.

Kohlgallenrüßler
(CEUTORRHYNCHUS PLEUROSTIGMA)

2–3 mm langer schwärzlicher Rüsselkäfer, der von März bis Mai und im Herbst Kohlpflanzenbeete anfliegt, vor allem solche, auf denen die Pflanzen sehr dicht stehen, beispielsweise Saatbeete. Er frißt am Wurzelhals eine Vertiefung und legt dort sein Ei hinein. Die Pflanze schafft eine erbsen- bis haselnußgroße Hülle (Galle), von deren Gewebe die Larve lebt. Oft finden sich mehrere Gallen an einer Pflanze. Außer Kohlpflanzen befällt der Kohlgallenrüßler auch Radieschen, Raps und Rüben. Im allgemeinen verursacht er keinen nennenswerten Schaden.
Vorbeugend: Pflanzen nicht zu dicht setzen. Bodenbedeckung mit stark riechenden Kräutern. Algenkalk an den Wurzelhals stäuben. Die Jungpflanzen mit Rainfarntee und Brennesselbrühe spritzen.
Bei Befall: befallene Pflanzen rasch entfernen und vernichten. Gallen abknipsen, wenn Befall noch nicht so stark. Nur bei starkem Befall ab Mitte April alle 14 Tage ein Pyrethrummittel spritzen oder stäuben.

Großer Kohlweißling
(PIERIS BRASSICAE)

Ein Falter, dessen weiße Flügel eine schwarze Musterung und eine Spannweite von 40–60 mm haben. Die länglichen Eier, die an kleine Türme erinnern, sind goldgelb. Die etwa 45 mm lange Raupe ist bläulichgrün oder gelbgrün mit gelben Längsstreifen, kleinen schwarzen Punkten, schwarzen Borsten und schwarzem Kopf. Die Puppe ist grünlich oder gelb.
Der **Kleine Kohlweißling** (PIERIS RAPAE) ist ähnlich gezeichnet, hat aber nur eine Flügelspannweite von 40 mm; die Raupen sind mattgrün mit undeutlicher gezeichneten Längsstreifen.

Kohlweißling, Eier.   Schlüpfende Raupen.

Der Große Kohlweißling fliegt von April bis Juni, von Mitte Juli bis Ende August und bei warmem Wetter noch einmal im September und Oktober. Die Eier werden an Blattunterseiten abgelegt. Während der ersten Flugzeit (April bis Juni) befällt er wilde Kreuzblütler, die gerade blühen, erst während der Monate Juli und August und noch einmal im Herbst Kohl, Gartenkresse, Meerrettich, Raps und Levkojen.
Zur Verpuppung wandern die in Kolonien lebenden Raupen oft weit weg, an Zäune, Wände, in Holzlauben und an andere geschützte Stellen. Die Raupen fressen die Blätter bis auf die Blattrippen auf.
Beim Kleinen Kohlweißling können sich bis zu 12 Generationen im Jahr entwickeln. Auch sie fressen sich tief in die Kohlköpfe hinein.
Natürliche Feinde sind Vögel und eine Schlupfwespenart, die Kohlweißlingsbrackwespe, die die Raupen parasitiert.
Vorbeugend: Dill, Hanf als Randpflanzung, Tomaten zwischen die Kohlpflanzen und ebenso zwischen die anderen Kreuzblütler pflanzen, auch Sellerie, Porree, Rosmarin, Thymian, Pfefferminze und Beifuß, die stark duften und die Falter abwehren. Den Boden mit Ligusterschnitt bedecken. Rainfarn-, Eisenkrauttee und Tomatenblätterkaltwasserauszug (die Geize nehmen) während der Flugzeit zur Geruchsüberdeckung spritzen.
Vorsicht mit Brennesseljauche: Sie zieht den Kohlweißling an!
Bei Befall: Mit Wermuttee spritzen, der auch schon vorbeugend wirkt und die Rau-

Larvenfraß am Kohlblatt.

Puppe einer Larve.

Großer Kohlweißling.

pen abtötet. Kaltwasserauszug aus Blättern des Schwarzen Holunders spritzen; der Holundergeruch vertreibt Falter und Raupen. Eier und Raupen absuchen. Jungraupen mit Bacillus-thuringiensis-Präparat spritzen. Nur bei starkem Befall Pyrethrum- oder Rotenonmittel spritzen.

Lauchmotte
(ACROPLEPIA ASSECTELLA)
Porreefliege

Sie entwickelt 2 Generationen im Jahr. Ihre braunen Flügel mit der weißen Zeichnung haben eine Spannweite von 17 mm. Die Raupe ist 13 mm lang, gelblichweiß oder grünlich mit schwarzen Punkten, hellen Streifen und ockerfarbenem Kopf. Die erste Flugzeit ist im April und Mai, die zweite, während der die eigentlichen Schäden verursacht werden, im Juli und August. Meist abends werden die Eier an Blättern von Lauch und Zwiebeln abgelegt; zuerst frißt die Raupe an den Blättern, dann miniert sie Gänge bis zu 25 mm. Die Herzblätter können dabei absterben. An diese Wirtspflanzen ist die Lauchmotte gebunden.
Nachdem die Raupe sich in einem hellen, leichten Gespinst verpuppt hat, schlüpft der Falter, der auch überwintern kann.
Vorbeugend: einen luftigen Standort wählen. Boden und Pflanzen mit Hornmist- und Hornkieselpräparat stärken. Mischkultur mit Möhren, Sellerie, Petersilie und Wurzelpetersilie; diese Pflanzen halten die Lauchmotte fern. Beimischungen von Dill- oder Kamillensamen bei sämtlichen Gartenaussaaten lassen durch ihre ätherischen Öle die anderen Sämereien schneller keimen und vertreiben in gewissem Maße die Schädlinge.
Mehrfach stark mit Schachtelhalmjauche oder Equisanlösung gießen. Unverrotteten Mist meiden.
Die Reihen öfter mit Steinmehl oder Korall-

Schadbild der Lauchmotte.

Maulwurfsgrille.

algenkalk überstäuben. Die Bodendüngung mit Rizinusschrot – ein ausgezeichnetes Mittel gegen die Lauchmotte – darf nur in solchen Kulturen verwendet werden, die mindestens 3 Monate auf dem Beet stehen, da sich das im Rizinus enthaltene Gift Ricin nur langsam abbaut.

Bei Befall: die obersten Blätter abschneiden, Larven zerdrücken. Heißwasserspritzungen (40–50°C). Tee aus Rhabarberblättern oder auch Rainfarn mit Haftmittel (Schmierseife) wiederholt auf die Raupen spritzen. Jungraupen mit Bacillus-thuringiensis-Präparat bekämpfen. Nur bei starkem Befall Pyrethrummittel geben, bevor die Jungraupen sich in die Pflanzen einfressen.

Maulwurfsgrille
(GRYLLOTALPA GRYLLOTALPA)
Erdkrebs, Werre

Die großen Grabschaufeln und starken Kiefer dieser bis 50 mm großen, dunkelbraunen und feinbehaarten Grille verraten, daß sie gut an Wurzeln und Knollen gelangen kann, die sie dann auch abfrißt.

Werren durchwühlen die Beete, um in 5–10 cm Tiefe fingerdicke Laufgänge zu graben, an deren Enden sich der senkrechte Hauptgang zum etwa faustgroßen, kugelförmigen Nest befindet. Es hat glatte Wände, denn jedes Würzelchen ringsumher wird abgebissen.

Von Mai bis Juli legt das Weibchen in Abständen 300–400 Eier und bewacht ihr Nest. Im Juni kann man das Zirpen der Männchen hören. Die Maulwurfsgrille überwintert als Larve in etwa 30 cm Bodentiefe. Ihre Gesamtentwicklung dauert im Durchschnitt 2 Jahre. Erst dann bekommt das Tier ein Paar brauner, häutiger Flügel und ist fortpflanzungsfähig.

Die Werre verläßt ihre Gänge in der Dämmerung. Sie frißt zwar Drahtwürmer und Schmetterlingsraupen, aber auch Regenwürmer. Auf schweren Böden kann sie beträchtlichen Schaden durch Fraß an Wurzeln und Knollen anrichten, vor allem in Früh- und Saatbeeten. Für Spitzmäuse, Stare, Amseln, Würger, den Wiedehopf (dort, wo er noch vorhanden ist!), für den Dachs, aber auch für Katzen und Hunde ist sie ein willkommener Leckerbissen.

Vor allem von April bis Juni kann man Werren fangen, indem man bodeneben glattwandige Fallen (beispielsweise Blumentöpfe) in den Boden versenkt. Im Herbst sollte man kleine „Komposthaufen" aus Erde, Kompost oder trockenem Mist im Garten verteilen; wenn die Werren dann dort ihr Winterquartier beziehen wollen, kann man sie fangen.

Auch Fallrinnen sind möglich: Im Herbst gräbt man 25–30 cm breite und etwa 35 cm tiefe Rinnen, füllt sie mit trockenem Mist oder Kompost und fängt die Werren, die sich dort niederlassen wollen. Nach Petroleum riechende Lappen in den Gängen vertreiben die Werren. Mit den Händen Gänge machen, den senkrechten Hauptgang absuchen und diesen trichterförmig erweitern, 1 Eßlöffel Speiseöl hineingeben und langsam Wasser nachlaufen lassen. Die Eier und Jungtiere werden getötet, die ausgewachsenen Werren kommen an die Oberfläche.

Werren töten und verbrennen, die Asche etwa 1 Stunde lang fein verreiben, dann ausstreuen, oder aus der Asche im Dezimalpotenzprinzip mit Wasser eine D-8-Lösung herstellen und diese dann dreimal wiederholt in die Gänge und in den Garten (siehe Einleitung) spritzen. Pyrethrum- und Rotenonmittel in den Gängen schädigen das Bodenleben.

Möhrenfliege
(Psila rosae)

Sie ist etwas schlanker als die Stubenfliege, 4–5 mm lang, glänzend schwarz, am Kopf rotgelb, aber mit bräunlichem Hinterkopf, gelben Beinen und hellen Flügeln. Sie bildet 2 Generationen, von denen die erste von Ende April bis Juli, die zweite ab Ende August fliegt. Die Weibchen legen etwa 40–100 Eier in die oberste Bodenschicht; dort entwickeln sich auch die Maden, die sich im Boden verpuppen und dort überwintern.

Die Maden der Möhrenfliege fressen auch Pastinaken, Petersilie, Sellerie, Dill, Kerbel und Kümmel. Am stärksten ist der Befall im August. Die Larven folgen erst den feinen Seitenwurzeln und fressen dann Gänge in die Hauptwurzel. Die Gänge sind mit Kot gefüllt. Die Möhren verbreiten einen üblen Geruch. Die Blätter verfärben sich rot-gelblich und sterben ab. Bei befallener Sellerie zeigt sich eine bläuliche Verfärbung an der Knolle. Petersilie wird gelb.

Vorbeugend: auf offene, windige Lage achten. Nur ausgereiften Kompost geben; frischer, unverrotteter Dünger (Mist, Jauche) zieht die Möhrenfliege geradezu an. Neben einer frühen Möhrenaussaat im Frühjahr noch ein zweites Mal im Herbst aussäen. Mischkultur mit Zwiebeln, Knoblauch und Lauch; diese Pflanzen halten die Möhrenfliege fern, die Möhren wirken wiederum abweisend auf die Zwiebelfliege und die Lauchmotte. Ab Saat mit stark duftenden Kräutertees (vor allem Rainfarn- und Wermuttee, Knoblauchtee und Zwiebelschalenbrühe) in regelmäßigen Abständen überbrausen. Rainfarn, Farnkraut, Dill, Lavendel zwischen die Saatrillen legen. Alle 14 Tage Etermut, ein Wildkräuterpräparat, über die aufwachsenden Reihen stäuben.

Nematoden
(Nematodes)
Fadenwürmer, Wurzelälchen

Es gibt sehr viele nützliche Nematodenarten, die außerordentlich wichtig sind, weil sie die rottende organische Substanz im Boden bearbeiten und so wesentlich zur Humusbildung beitragen.

Die meisten schädlichen Wurzelnematoden werden etwa 1 mm lang; sie sind farblos. Ihre Gegner, die Fangpilze (40–50 Arten), die die Nematoden in Grenzen halten,

Nematoden an Phlox.
Brüchige Stengel.

gehen bei Salzdüngung zugrunde. Dann können sich die Nematoden ausbreiten. Nematoden werden aber auch durch Wasser, durch den Versand von Pflanzen mitsamt Wurzelballen, durch Erde, Gartengeräte und ähnliches verschleppt.

Sie stechen das Pflanzengewebe mit einem Mundstachel an und saugen den Saft aus. Die Sekrete, die sie abgeben, führen zu Gewebsveränderungen. So entstehen Riesenzellen, Gallen und Zysten. Dadurch sterben die Wurzeln ab. Neue Wurzeln bilden sich, die sogenannten Wurzelbärte, die aber wieder befallen werden. Die Pflanzen kümmern und welken. Es gibt **Stengelälchen** (DITYLENCHUS SP.) und **Wurzelälchen** (PRATYLENCHUS SP.), die Gemüse befallen. Dagegen befallen **Blattnematoden** (APHELENCHOIDES RITZEMABOSI) Zierpflanzen, sichtbar an schwarzen Flecken auf den Blättern.

Vorbeugend: Bodenbakterien (Pilze) schützen durch ungiftigen, organischen, aber auf jeden Fall gut verrotteten Dünger, ausgereiften Kompost. Im Herbst Tonerdemehl in den Boden einarbeiten. Ebenso Korallalgenkalk einarbeiten; die dadurch erfolgte Bodenverbesserung läßt die Nematoden zurückgehen. Permanente Bodenbedeckung.

Mischkultur mit Tagetes: Die intensive Wurzelausdünstung vernichtet Nematoden; Ringelblume (Calendula) wirkt ebenso. Beide Pflanzen haben eine bodenheilende Wirkung. Echte Kamille (MATRICARIA CHAMOMILLA) als Zwischensaat hält Pflanzen etwa 90 cm um jede Kamillenpflanze herum nematodenfrei und verbessert die Erträge. Senf als Voraussaat im Frühjahr, als Gründüngung im Herbst nicht höher als handhoch werden lassen. Vom Senföl geht die bodenheilende Wirkung aus.

Obstmaden,
siehe Apfelwickler

Obstwespen,
siehe Sägewespen

Sägewespen
Schwarze Pflaumensägewespe
(HOPLOCAMPA MINUTA)
Gelbe Pflaumensägewespe
(HOPLOCAMPA FLAVA)

Die Sägewespe ist 4–6 mm lang und entweder schwarz oder gelb. Charakteristisch sind ihre geäderten Flügel. Das Weibchen hat einen sägeartigen Legebohrer. Die Larve ist schmutzigweiß und hat Wanzengeruch. Der Kokon ist bräunlich. Flugzeit ist bei beiden Arten April und Mai.

Große Sägeblattwespe.

Mit Hilfe der Legesäge werden die Eier einzeln unter die Haut der Kelchzipfel der Blüten geschoben. Diese Partien verfärben sich braun. Die sich entwickelnden Larven bohren sich dann in die jungen Früchte ein und fressen sie von innen heraus. Eine Larve befällt 3–4 Früchte. Öffnet man die stark mit Kot verunreinigten Früchte, bemerkt man Wanzengeruch. Mit den zuletzt befallenen Früchten fallen die Larven auf den Boden und verpuppen sich etwa 10 cm tief in der Erde.

Befallen werden Zwetschge, Pflaume, Mirabelle und von einer Art der Sägewespe auch der Apfel. Erst wenn die Bäume in voller Blüte stehen, werden sie von den Sägewespen angeflogen. Dieser Zeitpunkt kann bei den verschiedenen Arten sehr unterschiedlich sein.

Trägt ein Baum sehr viele Früchte, wirkt der Befall durch die Sägewespe regulierend als „Ausdünner". Man muß den Vorgang aber im Auge behalten.

Vorbeugend: natürliche Feinde fördern: Schwalben, Meisen und andere Vögel, aber auch Laufkäfer, Kröten und Frösche, die die Puppen vertilgen.

Bei Befall: abgefallene Früchte sammeln. Nach dem Abfallen der Blütenblätter erst mehrfach im Abstand von einer, dann von 3 Wochen wiederholt Rainfarn- oder Wermuttee spritzen. Quassiabrühe spritzen. Bei starkem Befall Pyrethrum- oder Rotenonmittel mit warmem Wasser nach dem Abfallen der Blütenblätter dreimal im Abstand von 1 Woche spritzen.

Schildläuse
(Coccoidae)

Weiße Fliege, Kohlmottenschildlaus
(im Freiland Aleurodes prodetella, im Gewächshaus Trialeurodes vaporariorum)

Sie sind weiß, 2 mm lang und finden sich meist in zu trockenen Gewächshäusern und im Freiland bei warmen Temperaturen. Die weißen Flügel werden in Ruhestellung übereinandergefaltet; das Insekt ist ganz mit Wachs bedeckt.

Auf den Blattunterseiten sitzen die Kolonien; hier werden auch die Eier abgelegt, aus denen die gelbgrünen Larven schlüpfen. Sowohl die Eier und Larven als auch die Weibchen können überwintern, zum Beispiel an Kohlpflanzen. Mit den Pflanzen werden die Insekten beziehungsweise ihre Eier oder Larven verschleppt.

Die Art Aleurodes prodetella befällt Kohlpflanzen, Trialeurodes vaporariorum dagegen Tomaten, Gurken, verschiedene

Blumen, vor allem im Gewächshaus. Der Befall verursacht Saugflecken an den Blättern, starke Honigtau- und Rußtaubildung.

Vorbeugend: im Gewächshaus für gleichmäßige Lüftung und gute Luftfeuchtigkeit sorgen; im Gewächshaus und Freiland Boden durch Gießen und Mulchen gut feucht halten.

Bei Befall: 0,5–2%ige Schmierseifenlösung spritzen. Nur bei starkem Befall ein Pyrethrum- oder Pyrethrum-Rotenon-Mittel spritzen, wenn die Larven schlüpfen. Natürliche Feinde sind Raubmilben und vor allem Schlupfwespen (Encarsia). Schlupfwespen für den Einsatz in Gewächshäusern, zum

Schildlausweibchen mit Eiern.

Beispiel im Tomatenanbau, werden aus Holland per Versand geschickt: Es sind Kartenstreifen mit parasitierten Hüllen der Weißen Fliege, die Schlupfwespenlarven enthalten. Diese Methode ist bereits erprobt. Von Schlupfwespen parasitierte Larven und Puppen der Weißen Fliege verfärben sich schwarz.

Kommaschildlaus
(Lepidosaphes ulmi)

Die Weibchen, 2–4 mm lang, birnenförmig, weißlich oder goldgelb, legen im Herbst unter dem braunen, länglichen Schild die Eier ab. Diese überwintern, und im kommenden Mai und Juni erscheinen die Jungläuse. Äste

Schadbild der Wollschildlaus.

und Zweige sind dann mit dichten Krusten überzogen an schwachen oder schlecht gepflegten Apfel-, Birn- und Pfirsichbäumen.

Große Obstbaumschildlaus
(EULECANIUM CORNI)

Unter der schildartig erhärteten, kugeligen Rückenhaut des Weibchens entwickeln sich die Eier, aus denen ab Juli die Junglarven schlüpfen und auf Blätter und junge Triebe kriechen. Die Larven überwintern und bilden im Frühjahr Schilder.

An Reben, an Zwetschgen-, seltener an Apfel-, Birnbäumen und Johannisbeeren stechen die Schildläuse die Rinde an. Es entstehen Wachstumsstörungen und Verkrüppelungen durch Saftentzug, vor allem bei schwachen Pflanzen. Rußtau entsteht. Meist ist der Schaden unerheblich.

Sowohl bei der Komma- als auch bei der Großen Obstbaumschildlaus vorbeugend: Stammanstrich. Pflanzenstärkung durch Hornmist- und Hornkieselpräparat.

Bei Befall: die Krusten mit einer Drahtbürste abbürsten. Mit einem leicht verdünnten Auszug aus Wurmfarn bepinseln. Gegen die Junglarven die gleichen Spritzmittel wie gegen Blattläuse verwenden. 5%ige Schmierseifenlösung gegen überwinternde Larven. Gegen die Kommaschildlaus im Mai und Juni Oregano (Echter Dost)-Tee in regelmäßigen Abständen spritzen.

Schnecken

In den letzten Jahren hat die Schneckenplage in unseren Gärten sehr zugenommen. Fachleute vermuten, daß der Grund dafür das ökologische Ungleichgewicht ist. Im Biogarten gibt es gegen Schneckenfraß kein Radikalmittel, aber eine Kombination verschiedener Abwehrmaßnahmen kann die Schnecken in Grenzen halten, ohne Nützlinge zu beeinträchtigen.

Begünstigt wird die Schneckenvermehrung durch anhaltend feuchtes Herbstwetter und milde Winter. Dazu muß man wissen, daß die Schnecken ihre Eier in Löchern im Boden ablegen. In mühseliger Kleinarbeit graben sie innerhalb von 6–12 Stunden mit ihrer Kriechsohle das Loch für 50–400 runde Eier. Die Eiablage erfordert weitere 30 Stunden. Dann allerdings kümmern sich die Schnecken nicht mehr um ihre Nachkommen. Die Eier ruhen während der Wintermonate und werden von der Frühlingssonne ausgebrütet.

Auch zu dicke Bodenbedeckung fördert die Schneckenvermehrung, da es dort leicht zu Fäulnis kommen kann, in der sich Schnecken wohl fühlen und ihre Eier ablegen. Die Bodenbedeckung darf deshalb besonders bei feuchtem Wetter frisch nicht dicker als 10 cm sein und wird mit Korallalgenkalk, Steinmehl und Kompoststarter überstreut oder am besten vermischt.

Rote Wegschnecke.

Egelschnecke.

Die gefräßigsten Vertreter unter den Gastropoden, wie die Schnecken wissenschaftlich genannt werden, sind die Nacktschnecken, also die ohne Gehäuse. Unter ihnen sucht besonders die **Große Wegschnecke**, die sowohl rot, braun als auch schwarz gefärbt sein kann und bis zu 13 cm lang wird, unsere Gartenpflanzen heim. Ähnlich sieht die ebenfalls zahlreich vertretene **Schwarze Wegschnecke** aus, die sich jedoch keineswegs immer schwarz zeigt, sondern ebenfalls eine braune, aber auch gelbrote oder dunkelgraue Färbung aufweist und mit ihren 7–10 cm etwas kleiner ist. Der dritte lästige Artgenosse unter den ARIONIDEN (Wegschnecken) ist die nur 2 cm lange gelblichgraue bis grauschwarze **Gartenwegschnecke**.

Auch die Egelschnecken (LIMAZIDEN) richten mit ihrer Freßgier erhebliche Schäden an. Sie sind etwas kleiner und graziler als die Wegschnecken. Da gibt es die **Graue Ackerschnecke** von etwa 7 cm Länge und hellgrauem, transparentem Aussehen, die **Genetzte Ackerschnecke**, 3–6 cm lang, die auf gelblichweißem oder rotbraunem Grund eine netzartige Zeichnung aufweist, und die dunkelgefleckte hellgraue bis hellgelbe **Große Egelschnecke**.

Gut zu unterscheiden von den Nacktschnecken ist die **Hainschnirkelschnecke** mit ihrem hellgelben bis hellgraugrundigen Gehäuse, das mit einem dunkelbraunen spiralförmigen Band gezeichnet ist.

Weinbergschnecke und Raubschnecken hingegen räubern die Gelege der kleinen Gehäuseschnecken und der Nacktschnecken aus. Sie zählen deshalb zu den Helfern gegen die Schneckenplage, wenn sie nicht selbst überhandnehmen, denn auch sie tun sich an frischem Grün gütlich.

Kann man mit einem Teich Kröten in seinen Garten locken oder mit einem Ígel Gartenfreundschaft halten, ist man vor Schnecken ziemlich sicher. Auch Goldlauf- und Aaskäfer halten diese Plagegeister in Schach. Daß auch die doch meist zahlreichen Amseln im Garten die Schnecken in Grenzen halten, ist wohl mehr ein Gerücht. Oder verwöhnen wir unsere Amseln zu sehr mit Winterfutter? Zu den Feinden der Schnecken gehören auch Stare und Spitzmäuse.

Weit verbreitet gegen die Schneckenplage sind Bierfallen. Ob als Export-, Malzbier oder Pils, abgestanden oder frisch, Bier scheint es Schnecken angetan zu haben. Ein kleiner Schwips allerdings vernichtet noch keine Schnecke. Wir müssen es schon geschickt anstellen, damit das alkoholsüchtige Völkchen in das süße, klebrige Naß fällt. Offenbar lähmt der Alkohol den Schneckenorganismus, wodurch schließlich der Tod herbeigeführt wird.

Am besten hat es sich bewährt, einen kleineren Plastikbecher, in dessen Boden man ein Loch schneidet, in einen größeren mit

Hainschnirkelschnecke.

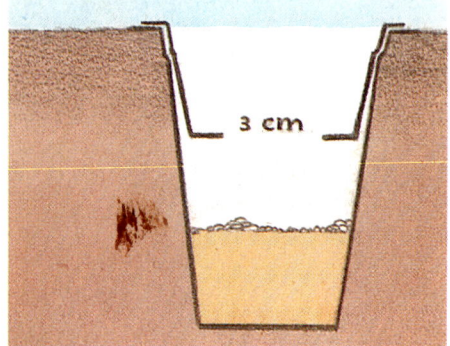

Biologische Abwehr von Schädlingen

gleich großem Randdurchmesser zu setzen. Den Doppelbecher füllt man etwa 3 cm hoch mit Bier und läßt ihn bündig mit dem Erdboden in die Erde ein. Rundherum wird das Erdreich festgeklopft. Um an das Bier zu kommen, müssen die Schnecken in den unteren Becher gleiten. Heraus finden sie, umnebelt vom Alkoholgenuß, schon halbgelähmt und irritiert durch den überstehenden Bodenrand des kleineren Bechers nicht mehr.

Schnecken, die noch nicht vom Alkohol abgetötet sind, überbrüht man mit kochendem Wasser. Dann werden die Schnecken verjaucht, indem man die Brühe 3–4 Tage stehenläßt. Danach mischt man Luzian-Steinmehl oder Algomin bei und überbraust alle gefährdeten Pflanzen und auch Saaten, die kurz vor dem Aufgehen sind. Die Wirkung hält etwa 2 Wochen an.

Schnecken lassen sich abends aber auch mühelos einsammeln. Bei einbrechender Dunkelheit sucht man beim Schein einer Taschenlampe den Garten ab. Man trifft die freßlustigen Tiere überall an, am Erdboden ebenso wie als Akrobaten auf dünnsten Blattstengeln. In kurzer Zeit hat man von jeder Sorte einige eingesammelt, die man wie oben angegeben verjaucht.

Besonders gern verkriechen sich Schnecken unter Brettern, feuchten Säcken, Rhabarberblättern und Kartoffelscheiben. Von diesen Sammelplätzen sammelt man die Schnecken täglich ab.

Einige Pflanzen vergrämen Schnecken. Man sät deshalb um gefährdete Beete einen Gürtel von Gelbsenf, Kerbel, Gartenkresse oder Brennesseln. Meerrettich und Knoblauch sind nur bedingt wirksam. Farnkraut legt man auf Beeten als schneckenvergrämende Mulchdecke aus und mischt es dem Kompost bei. Die Duftstoffe der angegebenen Pflanzen vertreiben die Schnecken.

Im Herbst legt man Holzwollnester im Garten aus. Diese Nester werden von Schnecken gern während der herbstlichen Vermehrungszeit als Eiablageplätze benutzt. Die Holzwolle wird im Winter mitsamt den Eiern verbrannt.

Bei großer Schneckenplage sollte die Erde abgeernteter Beete im Herbst ausnahmsweise zwar nicht umgegraben, aber doch hochgestellt werden, damit die Schneckeneier erfrieren.

Schnecken legen ihre Eier auch gern im Kompost ab. Deshalb ist Kompostmaterial sofort mit Steinmehl, Korallalgenkalk und Kompoststarter zu bestreuen, damit sich keine Fäulnis ausbreitet, sondern Rottebakterien, -pilze und Regenwürmer sich vermehren.

Bei trockenem Wetter umstreut man Beete mit Korallalgenkalk, Steinmehl, Fichtennadeln oder feinkörnigem Sand. Auch Asche und Ruß, jedoch nicht als Ölrückstände, eignen sich. Schnecken verschleimen den bestreuten Boden beim Überkriechen und gehen ein. Nach jedem Regen müssen diese Trockensubstanzen neu ausgestreut werden.

Auch Schneckenzäune können eine wirksame Hilfe gegen die freßgierigen Tiere sein. Entweder sorgt bei diesen Zäunen ein Profil mit spitzem Winkel dafür, daß die Schnecken nicht auf die andere Seite kommen, oder schwache Stromschläge lassen die Schnecken umkehren.

Der Schleim, den die Schnecken ausscheiden, ist wachstumsfördernd. Leider überwiegt dieser Nutzen nicht den Schaden, den die Schnecken anrichten.

Spinnmilben

Gemeine Spinnmilbe
(TETRANYCHUS URTICAE)

Obstbaumspinnmilbe oder Rote Spinne
(PANONYCHUS ULMI)

Von der Gemeinen Spinnmilbe werden Gemüsepflanzen befallen. Die gelblichen Tiere überwintern als ausgewachsene Tiere in lockerem Boden, unter Blättern, in der Rinde von Obstbäumen meist am Wurzelhals, gern auch in Holzritzen (an Pfählen, Bohnenstangen). Vor allem werden Gurken, Paprika, Stangenbohnen, Tomaten, aber auch Zierpflanzen wie Hortensien und Zyklamen befallen. Pflanzen in Gewächshäusern sind besonders gefährdet.
Die Obstbaumspinnmilbe oder Rote Spinne befällt Obstbäume und Weinstöcke. Die Tiere sind leuchtendrot. Sie überwintern als Eier (ebenfalls rot) auf den Bäumen und Weinstöcken.
Die Tiere saugen an den Blattunterseiten. Dadurch zerfällt das Blattgewebe, die äußersten Blattzellen füllen sich mit Luft. Die Blätter werden bleiartig fahl, bei stärkerem Befall später bronzefarben, und fallen ab. Auch der Triebansatz ist bei Befall gefährdet.
Charakteristisch für den Befall durch die Gemeine Spinnmilbe ist das dichte Gespinst, das die Entwicklung von Knospen und Trieben hemmt.

Obstbaumspinnmilbe. Wintereier.

Weichhautmilben

Erdbeermilbe
(TARSONEMUS PALLIDUS)

Sie ist nur 0,3 mm groß. Die durchscheinend weißliche Milbe wird nach der Nahrungsaufnahme bräunlich. An den tiefgelegenen Blattachseln der Erdbeeren überwintert das Weibchen und legt im März die Eier an den jungen Herzblättern ab. Innerhalb eines Jahres gibt es mehrere Generationen.
Vorbeugend bei Spinn- und Weichhautmilben: Treibhäuser und Frühbeetkästen gut lüften. Durch Bewässerung und Mulchen für gute Bodenfeuchtigkeit sorgen. Jegliche Überdüngung, vor allem mit Stickstoff, vermeiden. Beste Humusversorgung anstreben mit gehaltreichem, reifem Kompost, dem man Gesteinsmehl und Korallalgenkalk zugeben kann. Natürliche Feinde, darunter Raubwanzen und Raubmilben, die sehr schwefelempfindlich sind, durch biologische Pflanzen- und Bodenpflege schonen. Mit Hornmist- und in regelmäßigen Abständen mit Hornkieselpräparat arbeiten. Blattdüngung mit Brennessel- und Schachtelhalmjauche. Mit Zwiebelschalenbrühe und Knoblauchtee spritzen.
Bei Befall: mit kaltem hartem Wasserstrahl mittags bei vollem Sonnenlicht spritzen.
Nur bei starkem Befall Pyrethrum- oder Rotenonmittel. Im Gewächshaus können Raubmilben als natürliche Feinde der Milben eingesetzt werden. Dies ist bereits mit Erfolg erprobt worden. Raubmilben werden in Holland auf Buschbohnen gezogen und dann versandt.
Befallene Pflanzenteile müssen nicht unbedingt verbrannt werden. Sie können mit Hilfe thermophiler Bakterien, die sehr viel Wärme entwickeln, auch kompostiert werden.

Weiße Fliegen,
siehe Schildläuse (Kohlmottenschildlaus)

Wühlmäuse

Zu den Wühlmäusen werden die **Schermaus** (ARVICOLA TERRESTRIS) und die **Feldmaus** (MICROTUS ARVALIS) gezählt.
Die **Schermaus** ist scheu, etwa 20 cm groß, bräunlich bis schwarz. Sie ist ein rundliches Tier mit winzigen Ohren. Der Schwanz kann bis zu 10 cm lang werden. Da die Schermaus gern in der Nähe von Wasser lebt, wird sie fälschlich Wasserratte genannt.
Das Tier lebt in einem Bau, dessen Gänge etwa 30–50 cm unter der Bodenoberfläche liegen. Das Gangsystem, das sehr ausgedehnt sein kann, besteht im Gegensatz zu den gewundenen und runden Maulwurfsgängen aus hochovalen, schnurgeraden Röhren (7 cm hoch, 5 cm breit) mit glatten Wänden, denn jedes Würzelchen wird verspeist. Die Schermaus ernährt sich von den Wurzeln von Kartoffeln, Möhren, Zwiebeln, kurz Gemüsepflanzen, ebenso den Wurzeln von Obstbäumen und Rosen. Das Tier frißt aber auch Insekten, Amphibien- und Vogeleier.
Schermäuse haben im Jahr durchschnittlich 3 Würfe mit 2–7 Jungen, die schon nach 2 Monaten geschlechtsreif sind. Sie werden etwa 2 Jahre alt. Einen Winterschlaf halten sie nicht. Schermäuse kommen im Feld, im Garten, in ungenutzten Wiesen vor. Sie werfen unregelmäßige Erdhaufen auf.

Die Feldmaus zählt zu den Wühlmäusen.

Die **Feldmaus** wird etwa 11 cm groß, den Schwanz nicht gerechnet; sie ist gelbgrau. Im Unterschied zur Schermaus sind ihre Ohren gut sichtbar. Gibt es Feldmäuse in einer Wiese, dann kann man die Ausschlupflöcher im Boden sehen; es führen immer mehrere Gänge vom Bau, der etwa 50 cm tief im Boden liegt, an die Oberfläche. Kleine Wege verbinden diese Ausschlupflöcher miteinander. Die Feldmaus wirft keine Erdhaufen auf. Sie lebt im Feld, im Garten und auf Brachland. Im Jahr hat sie durchschnittlich 5 Würfe mit 5–10 Jungen.
Vorbeugend: Sollte man Greifvögel in der Nähe des Gartens haben oder vermuten, Sitzstangen für die Vögel aufstellen. Steinhaufen können ein Unterschlupf für Wiesel sein. Mulchdecke, vor allem auf Baumscheiben, kontrollieren.
Pflanzen an den Rand oder zwischen den Kulturen und auf Baumscheiben anpflanzen, deren starker Geruch Wühlmäuse vertreibt: Rote Kaiserkrone (FRITILLARIA IMPERIALIS RUBRUM), Hundszunge (CYNOGLOSSUM OFFICINALE), Wolfsmilchgewächse, beispielsweise Springwolfsmilch (EUPHORBIA CANCEOLATA), die kleinkronige Narzisse La Riante (nach Seifert), Knoblauch, Steinklee (stark tujonhaltig). In Tonböden ist die Wirkung dieser Pflanzen geringer.
In den Wühlmausgängen stark duftende Pflanzen auslegen: Knoblauch, Walnußbaumblätter, Zierwacholderschnitt, Thuja; Holunderjauche ausgießen; auch unangenehm Riechendes (wie Fischabfälle) kann die Mäuse verjagen. Über leere Flaschen, die man zu zwei Dritteln schräg in den Boden eingräbt, streicht der Wind und verursacht einen Pfeifton, der Wühlmausohren unangenehm ist. Beim Setzen von jungen Bäumen Wurzeln durch ein Drahtgeflecht schützen, das bis zum Wurzelhals reichen muß.
Bei Befall: Will man Fallen aufstellen – eine wirksame Methode –, muß man sich vergewissern, daß die Gänge tatsächlich von Wühlmäusen stammen und noch bewohnt sind. Das ist der Fall, wenn ein freigelegter Gang in Kürze wieder zugewühlt ist. Die

Tiere dürfen keine Witterung von Menschen bekommen; deshalb am besten mit Handschuhen arbeiten. Die Fallen jeweils am Ende eines Wühlmausgangs aufstellen; dann aber unbedingt einen Eimer darüberstülpen, den man noch mit einem Stein beschwert, um zu verhindern, daß Vögel in diese Fallen gelangen.

Diese Maßnahmen erfordern einiges Geschick. Wenn man mit Fallen arbeitet, kann man zusätzlich die Gemüsepflanze Topinambur als Fangpflanze setzen, die von Wühlmäusen bevorzugt wird. Auch Holunder eignet sich als Fangpflanze, da die Wurzel von den Wühlmäusen sehr geschätzt wird.

Bei diesen Maßnahmen ist es sinnvoll, mit den Nachbarn zusammenzuarbeiten, denn eine Wühlmausplage betrifft meistens ein größeres Gebiet.

Bei Wühlmausplage einige Tiere fangen, töten, verbrennen und die Asche ausstreuen.

Die Beeren von Kirschlorbeer oder 2–3 Bohnen vom Rizinusstrauch, in die Gänge gelegt, vernichten die Wühlmäuse. Größte Vorsicht ist bei diesen giftigen Substanzen geboten, wenn Kinder damit in Berührung kommen können.

Es gibt einen pflanzlichen Köder, Quiritox, der das auch im Steinklee vorhandene Gift Kumarin enthält, welches die Blutgerinnung verhindert und die Tiere schmerzlos sterben läßt. Auch im Umgang mit diesem Giftköder darauf achten, daß er nicht mit Futter oder Nahrungsmitteln zusammen aufbewahrt wird und für Kinder unerreichbar ist.

Wurzelläuse
(PEMPHIGUS SP.)

Sie sind rund, hell, vielfach mit Wachs bedeckt und saugen an den Wurzeln von Bohnen, Kardengewächsen wie der Artischocke, von Möhren und Salat, auch von Zier- und Topfpflanzen. Die befallenen

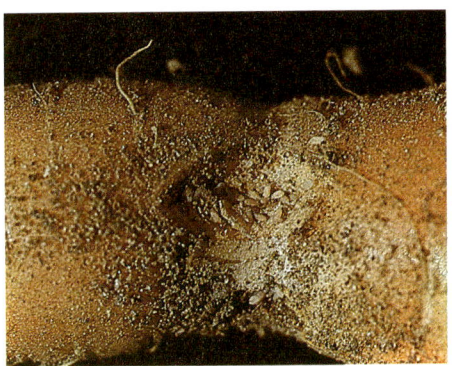

Wurzelläuse an einer Möhre.

Pflanzen welken und sterben ab. Die Wurzelläuse werden von Wiesenameisen aufgesucht, die den Honigtau lieben.

Vorbeugend: Gute Bodenbearbeitung und -lockerung, gutes Bewässern sind bei Wurzelläusen, die trockene Wärme lieben, wichtig. Durch Spritzen des Hornmist- und des Hornkieselpräparats oder durch wiederholte Gaben von verdünnter Brennesseljauche Pflanzen stärken.

Bei Befall: den Wurzelbereich freilegen und wiederholt mit Rainfarnbrühe gießen.

Zwiebelfliege
(PHORBIA ANTIQUA)

Sie ist der Stubenfliege ähnlich, nur etwas schlanker, gelblich-grau, 6–7 mm lang. Die 1 mm großen Eier sind weiß, die 5–8 mm lange Made ebenso.

Die 1. Generation, die ab Mitte April und im Mai fliegt, richtet den meisten Schaden an. Die Weibchen legen je 40–100 Eier an den Grund der Zwiebeln, und die Maden fressen sich dann in die Zwiebeln ein. Sie gehen von einer Pflanze auf die andere über, und nach 3 Wochen verpuppen sie sich in etwa 6 mm großen Tönnchen.

Die 2. Generation von Larven schlüpft im Juli und August. Die Tiere fressen sich vom Boden her in die Zwiebeln ein. Es folgt noch

Zwiebelfliegenschäden.

eine 3. Generation. Die Puppen überwintern.

Außer Zwiebeln werden Knoblauch und Lauch befallen. Die Maden fressen im Innern der Pflanze und verursachen eine Bakterienkrankheit, die die Zwiebel faulen läßt.

Vobeugend: Auf keinen Fall frischen, organischen Dünger (Mist, Jauche) verwenden; er zieht die Fliege an. Beim Stecken Flugzeit der Zwiebelfliege vermeiden. Mischkultur mit Möhren, da der Geruch der Möhren die Zwiebelfliege (und die Lauchmotte) vertreibt, der Geruch von Knoblauch, Lauch und Zwiebeln die Möhrenfliege abweist. Steinmehl oder Korallalgenkalk über die Steckzwiebeln stäuben. Während der Flugzeit Rainfarn- oder Wermuttee oder andere stark duftende Kräutertees zweimal wöchentlich auf die Pflanzen sprühen.

Bei Befall: Pflanzen sofort entfernen und vernichten.

Naturgemäße Bekämpfung von Pflanzenkrankheiten

Pflanzenkrankheiten können durch Pilze, Bakterien und Viren verursacht werden. Der eigentliche Lebensbereich aller Pilze – so unterschiedlich sie auch sind – ist der Erdboden.

Pilze vermögen selber kein Blattgrün zu bilden und sind auf andere organische Substanzen angewiesen. Viele bestehen aus winzigen Pilzfäden, den HYPHEN. Alle Hyphen zusammen bilden das Pilzgeflecht, das MYZEL, das dann auch die eigentlichen Schäden verursacht, weil es lebendem Gewebe die Nährstoffe entzieht und es durch dabei ausgeschiedene giftige Substanzen zum Absterben bringt.

Die Vermehrungskörper der Pilze – winzige Partikel – sind die Sporen. Sporen und Sporenträger oder -kapseln können je nach Art ein ganz verschiedenes Aussehen haben. Außerdem gibt es Sommer- und Wintersporen. An Blättern sind oft Sporenhäufchen zu beobachten. Pilze werden vor allem durch Wind und Wasser verbreitet. Fast alle Pilzarten brauchen viel Feuchtigkeit, um zu keimen, viele eine feuchte Wärme.

Daß Bodenpilze für die Humusbildung von größter Wichtigkeit sind, wurde im Kapitel über die Nützlinge dargestellt. Als Verursacher von Pflanzenkrankheiten kommen nun bestimmte Pilzarten in Betracht, die durch triebige, zu stickstoffhaltige, einseitige Düngung – die das Gewebe der Pflanze aufschwemmt und schwächt –, durch Nässestau im Boden und eine zu dichte, wenig belüftete Pflanzung die besten Bedingungen vorfinden, zu wuchern und Pflanzen zu befallen.

Im folgenden Kapitel sind verschiedene Gegenmaßnahmen beschrieben. Ergänzend soll noch auf die Heißwasserbeize hingewiesen werden, die Saatgut widerstandsfähiger macht: Man legt das Saatgut 20 Minuten lang in 50°C heißes Wasser.

Das Hornkieselpräparat mit seinem hohen

Die Floribunda-Rose „Happy Wanderer" mit gesunden Blättern im naturgemäßen Anbau.

Bei Überdüngung entsteht Blattrollkrankheit.

Kieselsäuregehalt ist ein wichtiger Pilzbekämpfer. Es wirkt wie Sonnenschein, denn es verstärkt Licht- und Wärmeprozesse. Es stabilisiert das Gewebe und damit die Gesundheit der Pflanzen.

Gaben von Gesteins- und Tonerdemehlen und Korallalgenkalk sind bei allen Pilzkrankheiten eine Hilfe; sie binden die pilzfördernde Feuchtigkeit im Boden und auf den Pflanzen und stärken die Pflanzen durch ihren hohen Anteil an Mineralien und Spurenelementen.

Steinmehle haben auch einen hohen Anteil an Kieselsäure. Mangelerscheinungen lassen sich durch richtige Gaben von Stein-, Tonerdemehl und Korallalgenkalk beheben.

Im folgenden sollen einige Mangelerscheinungen beschrieben werden.

Mangelerscheinungen

Bormangel: Bei Blumenkohl schlechte Kopfbildung und auf den Blumenkohlröschen braune, faulende Stellen; im Strunk Querrisse und Hohlräume; an Kohlrabiknollen schorfige Stellen; bei Kernobst verkorkte Stellen im Fruchtfleisch; Triebspitzen verkümmern.

Calciummangel: Durch zu hohe Stickstoff- und Kalidüngung verursacht, äußert sich Calciummangel beim Apfel, auch Stippigkeit genannt, durch braun verfärbte, bittere Partien direkt unter der Oberfläche.

Eisenmangel: Bei starkem Eisenmangel, der oft durch Kalküberdüngung verursacht wird, stirbt das ganze Blattgewebe ab. Geringer Eisenmangel (Chlorose) verfärbt die Blätter hellgrün.

Chlorose: Dieser Mangel kann auch durch stauende Nässe hervorgerufen werden.

Kalimangel: Die Blätter verfärben sich braunrot, vor allem von der Blattspitze aus zwischen den Blattrippen. Wachstumsstörungen. Obstbaumblätter rollen sich nach oben und bilden braune, vertrocknende Blattränder.

Kupfermangel: Kupfermangel kann entstehen, wenn zuviel Phosphor im Boden das Kupfer blockiert. Dann werden die Blätter hellgrün, die Blattspitzen vertrocknen und die Samenbildung wird behindert.

Magnesiummangel: Ältere Blätter werden zwischen den Blattrippen gelb und später braun. Die Blätter fallen frühzeitig; schlechte Trieb- und Fruchtausbildung.

Molybdänmangel: Molybdän hilft bei der Bindung von Luftstickstoff in den Wurzelknöllchen; bei Gründüngung wird es aktiviert. Bei Molybdänmangel – oft in saurem Boden – verfärben sich die Blattränder gelb bis braun, vor allem bei Tomaten und Gurken. Der Wuchs ist kümmerlich.

Phosphormangel: Die Blätter verfärben sich dunkelgrün bis rotviolett; das Wachstum ist behindert.

Stickstoffmangel: Die Blätter verfärben sich gelblich; sie werden kleiner. Allgemeine Wachstumsstörungen.

Eisenmangel führt zu Chlorose, bei der die Blätter teilweise hellgrün und schließlich gelb werden.

Bei Phosphormangel werden die Blätter dunkelgrün bis violett.

Bakterienbrand
(PSEUDOMONAS MORSPRUNORUM und PSEUDOMONAS SYRINGAE)

Schon im Herbst können Blätter und Knospen von Kirsche, Pflaume, Aprikose und Pfirsich durch Verletzungen der Blätter und der Rinde infiziert werden. Auf den Blättern entstehen hellgrüne Flecken; bald darauf werden die Blätter braun. Auf den Früchten bilden sich schwarze Flecken. An der Rinde gibt es eingesunkene Flecken. Gummifluß kann auftreten. Im Frühsommer können bei starkem Befall ganze Äste, ja Bäume absterben.

Vorbeugend: keine übermäßige, triebige Düngung. Nicht zu stark auslichten. Werkzeug mit Alkohol oder Formalin (2%) gut desinfizieren.

Bei Befall: kranke Teile bis 10 cm ins gesunde Holz ausschneiden und die Wunde gut mit Lacbalsam verschließen.

Bakterienbrand.

Bakterienwelke
siehe Welkekrankheiten

Birnengitterrost
siehe Rost

Bitterfäule
siehe Fäule

Blattflecken-krankheiten
an Gurke, Kürbis, Melone
(PSEUDOMONAS LACRIMANS)

Die Bakterien können im Boden, im Saatgut und an verletzten Früchten auftreten und sich bei Temperaturen zwischen 20 und 25°C weiter ausbreiten. An den Keimblättchen entstehen wäßrige, an den Blättern gelb-bräunliche Flecken, unterseits schleimig, bei Trockenheit weiße Krusten; an den Früchten zuerst dunkelgrüne, später braune Flecken mit weißem Mittelpunkt. Junge Früchte verkümmern und verkrüppeln.

Vorbeugend: gesundes, widerstandsfähiges Saatgut und keimfreie Anzuchterde verwenden. Heißwasserbeize (siehe Seite 99). Gute Bodenpflege. Fruchtwechsel.

Blattfleckenkrankheit.

Bei Befall: nur alle 3 Jahre Gurken, Melonen, Kürbis anbauen. Kranke Blätter und Früchte vernichten.

Die Blattfleckenkrankheiten an der Erdbeere, an Sellerie, Tomaten und Chrysanthemen werden durch Pilze verursacht, die bei der Erdbeere auf den Blättern, bei Tomate, Sellerie, Chrysantheme auf befallenen Pflanzenresten und Samen überwintern, sich während der Vegetationsperiode besonders bei Feuchtigkeit vermehren und den Stoffwechsel der Pflanzen blockieren können.

Weißfleckenkrankheit
an Erdbeeren

(MYCOSPHAERELLA FRAGRARIAE)

Rotfleckenkrankheit
an Erdbeeren

(DIPLOCARPON EARLIANA)

Auf den Blättern entstehen braune oder rotviolette Flecken; das abgestorbene Gewebe verfärbt sich grau.

Vorbeugend: weite Pflanzabstände. Keine triebige Düngung. Sortenwahl. Knoblauch zwischen die Erdbeeren pflanzen. Hornmist- und Hornkieselpräparat spritzen. Equisan oder Schachtelhalmjauche im Abstand von 3 Wochen an 3 aufeinanderfolgenden Tagen nachmittags, auch Zwiebelschalenbrühe, Knoblauch oder Schafgarbenauszug spritzen.

Blattfleckenkrankheit
an Sellerie
(SEPTORIA APII),

Tomaten
(SEPTORIA LYCOPERSICI)

und

Chrysanthemen
(S. CHRYSANTEMELLA)

Auf den Pflanzenblättern entstehen helle und dunkle Flecken. Die Sellerie bleiben klein.

Vorbeugend: Maßnahmen wie bei der Blattfleckenkrankheit an Erdbeeren; au-

Erdbeere: Weißfleckenkrankheit.

Rotfleckenkrankheit.

ßerdem: Heißwasserbeize. Tomaten einmal pro Woche mit Magermilch spritzen. Mischkultur mit Blumenkohl und Lauch statt Knoblauchanpflanzung. Nicht zu kalt wässern. Weite Fruchtfolge. Kranke Pflanzen vernichten.

Brennfleckenkrankheit an Bohnen (COLLETOTRICHUM LINDEMUTHIANUM)

und Erbsen

(ASCOPHYTA SP.)

Der Pilz, der auf abgestorbenen Pflanzenteilen überwintert, befällt bei kühlem, nassem Wetter Blätter, Stiele, Früchte und die Samen, die zwar ihre Keimfähigkeit behalten, aber schon geschwächte Keimlinge hervorbringen, so daß die befallenen Jungpflanzen bald absterben. An den Schoten bilden sich braune, eingesunkene, schwarz umrandete Flecken, auf denen rötliche Schleimtropfen entstehen, die sehr viele Sporen enthalten.

Vorbeugend: Maßnahmen wie bei der Blattfleckenkrankheit an Erdbeeren. Aber: Zwischen Bohnen oder Erbsen natürlich keinen Knoblauch anpflanzen, weder Knoblauchtee noch Zwiebelschalenbrühe spritzen, dafür Bio-S (Ledax San). In gefährdeten Beständen bei nassem Wetter weder pflegen noch ernten.

Bei Befall: kranke Pflanzen(-teile) vernichten.

Fäulekrankheiten

Bitterfäule
(GLOEOSPORIUM FRUCTIGENUM)

Pilzsporen, die zum Beispiel an Fruchtmumien überwintert haben, das heißt an trockenen oder verfaulten Früchten, die am Baum hängengeblieben sind, verursachen die Fäule an Kirschen. Sie befallen die Früchte durch die Haut, entwickeln sich aber erst bei einem gewissen Reifestand der Kirsche. Durch den Befall entstehen zuerst runde bräunliche Flecken, die sich tief in das Fruchtfleisch einfressen. Darauf entstehen ringförmige weißliche oder dunkle Pilzpusteln. Der bittere Geschmack des Fruchtfleisches ist typisch. Die Blüte im darauffolgenden Jahr ist schlecht.

Vorbeugend: Sobald wie möglich pflücken, nicht zu lange lagern. Stämme und Baumscheiben mit dem Hornmistpräparat, Bäume zu den angegebenen vier Zeiten zur Stärkung mit dem Hornkieselpräparat, mit Schachtelhalmjauche oder Equisan spritzen. Ebenfalls wöchentlich mit Knoblauchtee oder Zwiebelschalenbrühe oder Bio-S spritzen. Als Haftmittel den Spritzungen ein Tonerdemehl beigeben.

Befallene Triebe entfernen.

Grauschimmelfäule
(BOTRYTIS SP.)

Nässe begünstigt die Entwicklung auch dieser Pilze, die als Myzel auf abgestorbenen Pflanzenteilen überwintern. Es werden Obst- und Gemüsepflanzen befallen, vor allem Erdbeeren, Himbeeren, Trauben, Gurken, Salat und Zwiebeln, auch Zierpflanzen, beispielsweise Geranien, Gladiolen (vor allem die Knolle), Primeln, Tulpen und Zyklamen. Es zeigt sich Schimmelbelag; das Gewebe kann nicht ernährt werden und stirbt ab; auf Blättern und Früchten entstehen rostrote Flecken.

Bei der Rebe wird der Pilzbefall beschleunigt, wenn die Beeren durch Wespen oder den Sauerwurm angefressen werden, das Gewebe also verletzt wird. Das Schadbild ist das gleiche wie bei den anderen Pflanzen; jedoch ist bei der Rebe ein geringer Grauschimmelbelag, die sogenannte Edelfäule, wegen des höheren Zuckergehalts nicht unerwünscht.

Vorbeugend: Wie bei allen Pilzerkrankungen Wachstumsbedingungen verbessern: frische, triebige, einseitig stickstoffhaltige Düngung vermeiden (keinen frischen Mist geben). Boden lockern, für ausreichende, nicht zu hohe Bodenbedeckung sorgen. Weite Pflanzabstände und luftigen Standort wählen. Nur gute, standortgerechte Sorten vermehren.

Spritzungen mit Hornmist- und Hornkieselpräparat. Schachtelhalmbrühe über Beete und Pflanzen im Herbst und Frühjahr ausspritzen oder Equisan-Lösung als Pilzhemmer in 50facher Verdünnung. Brennesseljauche und Algenflüssigdünger auf die Jungpflanzen spritzen. Setzlinge in einen Lehmbrei tauchen, dem das Hornmistpräparat beigegeben wurde. Jungpflanzen vor dem Auspflanzen in eine 20%ige SPS-Lösung geben. Gesteinsmehl oder Korallalgenkalk in den Boden einarbeiten. Mischkultur mit Knoblauch. Wöchentlich Spritzungen mit einem Auszug aus zerkleinerten Knoblauchzehen. Bei der Rebe Traubenwickler und Wespen bekämpfen. Bio-S stäuben.

Befallene Pflanzenteile rechtzeitig entfernen.

Kraut- und Knollenfäule
(PHYTOPHTHORA INFESTANS)

Die Krankheit wird durch Pilze verursacht, die auf krankem Saatgut oder auf Pflanzen des Vorjahres überwintern. Wasser, das über die kranken Blätter in den Boden läuft, infiziert die Knollen.

Die Krankheit befällt die Nachtschattengewächse Kartoffeln, Tomaten, Paprika und kann bei feuchtwarmem Wetter innerhalb von 24 Stunden ganze Bestände vernichten. Bei der Kartoffel entstehen auf Stengel und Blatt braune Verfärbungen, auf den Blattunterseiten bildet sich ein weißer Pilzbelag. Schließlich sterben die Blätter ab. Auf den Kartoffelknollen bilden sich eingesunkene, bräunliche Flecken; das Fleisch darunter ist rostrot verfärbt und ungenießbar. Bei der Tomate entstehen meist nur auf den Früchten braungrüne bis schwarze Flecken; die Früchte bleiben hart und verrunzeln.

Vorbeugend: auf einen gesunden, humusreichen Boden achten; besonders für Tomaten als Starkzehrer notwendig. Maßnahmen, die den Boden, den Standort und das Saatgut betreffen, wie bei der Grauschimmelfäule. Kartoffeln und Tomaten nicht zusammen anpflanzen. Hanf als Randpflanzung. Mit Hornmistpräparat arbeiten; Kartoffeln während der Ausbildung der Knollen nachmittags und abends mit Hornkieselpräparat spritzen. Brennesseljauche und Algenflüssigdünger zur Wuchsförderung spritzen. Sobald sich die Reihen schließen, etwa viermal mit einwöchigem Abstand Algen- oder Gesteinsmehl stäuben. Magermilch einmal pro Woche auf Tomaten spritzen. Zwiebelschalenbrühe oder Knoblauchtee bei Befallsgefahr

Krautfäule bei Kartoffel.

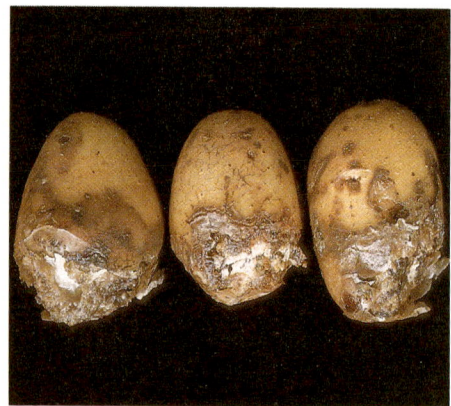

Knollenfäule bei Kartoffel.

wöchentlich spritzen. Spritzungen mit Schachtelhalmjauche, Bio-S oder Equisan-Lösung. Sobald wie möglich und gründlich ernten.
Befallene Blätter entfernen.

Schwarzfäule, Möhrenschwärze
(ALTERNARIA DAUCI, ALTERNARIA RADICINA)

Der Pilz überwintert im feuchten Laub und wird durch das Saatgut verbreitet. Feuchtes Wetter begünstigt die Schwarzfäule, die an Möhren, Sellerie, Petersilie und bisweilen an Kohlpflanzen vorkommt. Das Laub verfärbt sich braun bis schwarz, verdorrt oder verfault. Keimlinge gehen ein. An Karotten zeigen sich schwarze Verfärbungen. Diese Pilzarten verursachen auch Lagerfäulnis.
Vorbeugend: allgemeine Maßnahmen wie bei den anderen Fäuleerkrankungen. Bei Karotten ausgereifte und ungewaschene Früchte behutsam lagern.

Möhrenschwärze.

Sclerotiniafäule
(SCLEROTINIA SCLEROTIORUM, SCLEROTINIA MINOR)

Bei Befall welkt die Pflanze, z. B. der ganze Salatkopf oder die Blätter an anderen Gemüsepflanzen. Ein weißliches Pilzgeflecht entsteht, später schwarze Dauerkörper: Sklerotien. Diese überleben oft jahrelang. Schließlich faulen die Pflanzen. Karotten sind bei der Lagerung von einem watteartigen Belag bedeckt. Befallen werden am meisten Salat und Endivien, aber auch Gurken, Karotten, Sellerie und Tomaten.

Sclerotiniafäule an Sellerie.

Vorbeugend: keimfreie Saatbeeterde. Fruchtwechsel. Beachten, welche Pflanzen vorher angebaut wurden. War zum Beispiel Sellerie angebaut, darf der ebenfalls gefährdete Salat nicht auch angebaut werden. Steinmehl in Pflanzlöcher stäuben. Schnellwüchsige Pflanzen anbauen, um den Pilz nicht aufkommen zu lassen. Mit Hornmist- und Hornkieselpräparat arbeiten (Sellerie, Salat, Endivien, Karotten nachmittags oder abends mit Hornkieselpräparat spritzen), Schachtelhalmjauche oder Equisan-Lösung (sobald frostfrei), Zwiebelschalen- und Knoblauchtee wöchentlich spritzen.
Befallene Pflanzen entfernen.

Zwiebelhalsfäule
(BOTRYTIS SP.)

Erst im Spätsommer befällt der Pilz die Zwiebeln, und zwar bei feuchtem, warmem Wetter. Übertragen wird er durch das absterbende Laub und durch Verletzungen der Frucht. Bei der Lagerung wird der obere Teil der Zwiebel weich, und das Frucht-

Zwiebelfäule.

Schleim enthalten die Erreger, die durch Regen, Wind oder Schnecken weiter verbreitet werden können. Ölige, durchsichtige Flecken mit breitem, gelblichem Rand auf den Blättern führen zu einer Braunfärbung der Blätter, die dann welken. Danach stirbt die ganze Pflanze in kurzer Zeit ab. Auf den Samen entstehen bräunliche, eingesunkene Flecken.

Vorbeugend: gesundes, widerstandsfähiges Saatgut verwenden. Sortenwahl. Weite Fruchtfolge.

Befallene Pflanzen vernichten.

fleisch verfärbt sich. Es bildet sich ein grauer Pilz mit kleinen schwarzen Flecken.

Vorbeugend: allgemeine Maßnahmen wie bei den anderen Fäuleerkrankungen. Schachtelhalmjauche oder Equisan in regelmäßigen Abständen. Pflanzen behutsam und trocken lagern.

Befallene Pflanzen sofort entfernen.

Fettfleckenkrankheit
(Pseudomonas Phaseolica)

Die durch Saatgut übertragene Bakterienkrankheit schädigt Blätter, Schoten und Samen bei der Bohne, besonders bei Wechsel von feuchtem Wetter zu Trockenheit während der Blüte. Flecken mit weißem

Feuerbrand
(Erwinia Amylovora)

Die Krankheit wird durch Bakterien verursacht und breitet sich sehr schnell aus. Sie befällt Apfel- und Birnbäume, Rot- und Weißdorn, Cotoneaster, Quitten und Ebereschen. Birnbäume sind besonders gefährdet und können 8–15 Monate nach der Ansteckung absterben.

Im Frühjahr bilden sich schleimige Ausscheidungen; sie enthalten Bakterien, die durch Regen und Insekten verbreitet werden. Aber auch durch Rindenverletzungen können die Bäume infiziert werden. Nach der Blüte sterben plötzlich einzelne Fruchtbüschel und Astpartien ab. Die Äste sind wie gekrümmt, die verfärbten Blätter und die Früchte wie verbrannt. Aber keines der erkrankten, erstarrten Pflanzenteile fällt

Fettfleckenkrankheit an Bohne.

Feuerbrand.

ab. Die erkrankten Rindenpartien sinken ein, und es entsteht feuchter Bakterienschleim. Oft ist das Kambium rötlich.

Feuerbranderkrankungen müssen dem zuständigen Pflanzenschutzamt gemeldet werden.

Vorbeugend: keine Pflanzen aus Beständen übernehmen, in denen gerade Feuerbrand vorgekommen ist. Nach der Blüte die Bäume auf Befall kontrollieren. Im Zweifelsfall kranke Pflanzenteile an das zuständige Pflanzenschutzamt einschicken.

Befallene Pflanzenteile sofort vernichten. Erkrankte Rindenpartien tief ausschneiden, die Wunde gut verschließen, Werkzeug desinfizieren.

Grauschimmelfäule

siehe Fäule

Gummifluß

Im Zusammenhang mit Pilz- oder Bakterienkrankheiten, durch Verletzungen (beispielsweise Frostrisse im Stamm) und durch zu feuchten Standort verursacht,

Gummifluß am Stamm einer Süßkirsche.

treten aus dem Bast der Pflanze gelbe bis rotbraune, gummiartig erhärtende Säfte aus.

Vorbeugend: Gummisaft entfernen, bis auf das gesunde Holz ausschneiden, mit Lehmbrei verschmieren, nach 20 Tagen Wunde mit Kamillentee auswaschen, mit Baumwachs verschließen. Fingerhut unter Kirschbäume pflanzen.

Kohlhernie
(Plasmodiophora brassicae)

Die Krankheit wird von Schleimpilzen verursacht, die in Wurzeln eindringen und dort krebsartige Gebilde verursachen. Die erst gelben, dann dunklen Wucherungen verfaulen. Dadurch gelangen die über Jahre widerstandsfähigen Sporen wieder in den Boden. Die Wurzeln können sogar ganz verschwinden. Kohl liebt humus- und kalkreichen Boden. Nässe, kalkarme, zu stickstoffreiche Düngung (frischer Mist) begünstigen ebenso wie Monokulturen und verdichteter Boden das Auftreten von Kohlhernie. Kreuzblütler wie Senf- und Hederich- (Rettich-) Arten können Kohlhernie übertragen. Kohlhernie befällt Kreuzblütler: Kultur- und Zierpflanzen wie Kohlgewächse, Radieschen, Rettich, Raps, Rüben, Senf, Levkojen, Goldlack und auch wildwachsende Kreuzblütler.

Vorbeugend: keimfreie Saatbeeterde. Einen gut durchlüfteten, mit ausgereiftem Kompost angereicherten Boden schaffen. Gründüngung, aber auf keinen Fall mit Senf, Ölrettich oder anderen Kreuzblütlern, sondern mit Schmetterlingsblütlern, beispielsweise Klee. Vorkultur mit Zwiebel- oder Lauchgewächsen. Mit Algendünger, (zum Beispiel Meerwunder), im Herbst ausgebracht (25 kg/ar), lassen sich ebenfalls gute Wirkungen erzielen. Auf den Boden 10–14 Tage vor dem Anpflanzen 25 kg Korallalgenkalk auf 100 m² ausbringen; dies hemmt die Keimung von Dauersporen.

Kohlhernie.

Mit Hornmist- und Hornkieselpräparat für eine umfassende und tiefgreifende Bodenheilung und Pflanzenstärkung sorgen.
Setzlinge vor dem Einpflanzen in Schachtelhalmbrühe, in Lehmbrei gemischt mit dem Hornmistpräparat oder in Lehmbrei gemischt mit Bio-S tauchen. Jungpflanzen mit Kohlblätterjauche spritzen. Schachtelhalmbrühe, Equisan-Lösung oder Bio-S in regelmäßigen Abständen über Boden und Jungpflanzen spritzen.
Bei Befall: kranke Pflanzen entfernen.
Bei starkem Befall mehrjährige Fruchtfolge ohne Kreuzblütler. Beete, auf denen Kohlhernie war, entgegen allen Gepflogenheiten umgraben, dann pro 100 m² 25 kg Algenkalk und 40 kg Steinmehl im Herbst, 40 kg Steinmehl und 15 kg Algenkalk im Frühjahr ausbringen und in den Boden einarbeiten.

Kräuselkrankheit
(TAPHRINA DEFORMANS)

An Pfirsichbäumen werden junge Triebe und Blätter von einem Pilz befallen, der unter den Knospenschuppen überwintert hat. Bei kaltem, nassem Wetter verbreitet der Pilz sich rascher. Die jungen Triebe deformieren und die Blätter kräuseln sich. Die Blätter verfärben sich dann von rötlichgelb bis rotviolett und fallen ab. Gummifluß kann entstehen, Früchte können verrunzeln.
Vorbeugend: Kompost auf die Baumscheiben geben, Baumscheiben mulchen. Kapuzinerkresse und Knoblauch auf die Baumscheiben pflanzen. Schon Ende September bis Dezember Bäume mit vergorener Schachtelhalmjauche oder Equisan-Lösung überbrausen, das ganze Jahr (sobald frostfrei) alle 3 Wochen an 3 aufeinanderfolgenden Tagen nachmittags damit spritzen. Hornmist- und Hornkieselpräparat spritzen.
Jeder Baum erhält vorbeugend im Herbst außer einer guten Kompostgabe 10–20 kg Basalt-Urgesteinsmehl (in etwa 10–12 Löcher in 1 m Abstand um den Baum), außerdem etwa 3 kg Korallalgenkalk mit etwas organischem NPK-Dünger (Knochenmehl oder -schrot, kompostiertem Mist oder ähnlichem). Der Stamm wird mit Preicobakt gestrichen. Sodann bekommt jeder Baum einen Eimer mit Schachtelhalmjauche.
Zwiebelschalenbrühe, Knoblauchtee und Schafgarbenauszug spritzen. Wenn Blätter austreiben, Brennesseljauche mit Algenkalk, Algifert alle 2 Wochen bis zur Ernte spritzen, Fruchtmumien und befallene Blätter entfernen.

Kräuselkrankheit. Pfirsich.

Kraut- und Knollenfäule, siehe Fäule

Echter Mehltau

Der Echten Mehltau verursachende Pilz überträgt sich auch in trockenen Sommern von Pflanze zu Pflanze, wobei verschiedene Pilzarten die einzelnen Pflanzenarten befallen. Da die Krankheit erst gegen Ende der Vegetationsperiode stärker wird, ist der Schaden meistens nicht groß. Echter Mehltau tritt bei Äpfeln, Quitten, Erdbeeren, Stachelbeeren, Reben, Rosen, Gurken, bei Astern, Rittersporn und Phlox auf. Kennzeichnend ist der mehlige Belag auf den Blättern. Die Blätter vertrocknen.

Vorbeugend bei allen Arten von Echtem Mehltau an verschiedenen Pflanzenarten: Engpflanzung und triebige Düngung vermeiden, Treibhaus gut lüften, widerstandsfähige Sorten wählen. Ab September bis Dezember mit vergorener Schachtelhalmjauche oder Equisan spritzen; dann das ganze Jahr hindurch (sobald frostfrei) alle 3 Wochen an 3 aufeinanderfolgenden Tagen nachmittags. Hornmist- und Hornkieselpräparat spritzen. Knoblauch, Zwiebeln, Schnittlauch unter Obstbäume, zwischen Sträucher und Stauden pflanzen. Mit Zwiebelschalenbrühe, Knoblauchtee und Schafgarbenauszug spritzen. Algifert und Artanax (verjaucht) im Sommer alle 2–3 Wochen spritzen.

Echter Mehltau an Kernobst
(PODOSPHAERA LEUCOTRICHA)

Der Pilz, der in Knospen und jungen Trieben überwintert, ernährt sich von den Oberflächenzellen der befallenen jungen Pflanzenteile, die dann mit einer weißlich-mehligen Schicht bedeckt sind. Schon im Winter ist das weiße Pilzgewebe sichtbar. Befallene Knospen vertrocknen. Bei Frühinfektionen sterben Knospen, Blüten, Blätter und Triebspitzen ab. Befallene Früchte haben im Herbst eine netzartige, bräunliche Zeichnung und befallene Blätter Pilzflecken auf der Unterseite, die sich rötlich verfärben.

Vorbeugend: Maßnahmen wie oben beschrieben.

Außerdem: Jonathan und Cox' Orange sind eher gefährdet. Bei stark befallenen Trieben Winterschnitt. Auch schon während der Vegetationsperiode stark befallene Triebe entfernen.

Echter Mehltau an Reben
(UNCINULA NECATOR)

Pilzbelag auf den Oberseiten der Blätter, die dann welken. Da die befallenen Beeren aufplatzen, kommt es meist zu Infektionen oder anderen Krankheiten.

Vorbeugend: Maßnahmen wie oben beschrieben.

Außerdem: Rebenholz mit Lehmbrei, gemischt mit dem Hornmistpräparat, oder mit Preicobakt im Herbst und im Frühjahr streichen. Wenn die Blätter austreiben, Bio-S oder Ledax-San spritzen.

Echter Mehltau an Rosen
(SPHAEROTHECA PANNOSA VAR. ROSAE)

Vorbeugend: Maßnahmen wie oben beschrieben.

Außerdem: bei trockenem Standort gut wässern. Befallene Triebe ausschneiden.

Echter Mehltau auf Rosen.

Echter Mehltau an Stachelbeeren
(SPAEROTHECA MORS-UVAE)

Nachdem der Pilz im Boden und auf der Pflanze überwintert hat, befällt er die Stachelbeersträucher besonders nach kalten Wintern und bei feuchtem Wetter. Er kommt auch an manchen Schwarzen-Johannisbeer-Sorten vor. Er ist schon im Winter durch gestauchte Triebe und verkümmerte Triebspitzen sichtbar. Blätter und Triebspitzen, später auch die Früchte, haben einen weißen Belag, der bräunlich und lederartig wird. Die Früchte verkümmern und platzen. In der Folge kommt es zu Wachstumshemmungen und Frostempfindlichkeit.

Vorbeugend: Maßnahmen wie oben beschrieben.

Außerdem: Hoch- und Halbstammbäumchen pflanzen, da diese weniger befallen werden. Mit Farnkraut mulchen und den Boden mit Farnkrautextrakt spritzen, im Frühjahr kahle Äste mit einer Rainfarn-, Schachtelhalm-, Brennesselmischung, später auch die Blätter übersprühen. Gefährdete Sträucher mit Schachtelhalmjauche oder Bio-S (Ledax-San) und Artanax überbrausen und mit Ecomin stäuben; Blattunterseiten dabei nicht vergessen. Bei Frostgefahr Baldrian spritzen.

Befallene Teile ausschneiden.

Falscher Mehltau
(PERONOSPORA BRASSICAE und andere)

Nachdem der Pilz auf abgestorbenen Pflanzen überwintert hat, befällt er nur in nassen Jahren Kartoffeln, Kohlpflanzen, Reben, Salat, Spinat, Tomaten und Zwiebeln. Es entsteht ein Pilzbelag, weißlichgrau auf der Blattoberseite, weiß-grauviolett auf der Unterseite.

Vorbeugend: Engpflanzung und Feuchtlagen vermeiden. Gut durchlüften; Boden lockern. Widerstandsfähige Sorten wählen.

Setzlinge gründlich in Lehmbrei gemischt mit Hornmistpräparat oder in Lehmbrei mit Schachtelhalmbrühe tauchen. Hornmist- und Hornkieselpräparat sprühen. Jungpflanzen mit Algifert oder Brennesseljauche stärken. Bis spätestens 3 Wochen vor der Ernte wiederholt (alle 2–3 Wochen) mit Schachtelhalmjauche, Equisan, Bio-S (Ledax-San) oder SPS spritzen.

Befallene Pflanzen entfernen und sorgfältig kompostieren.

Falscher Mehltau an Reben
(PLASMOPARA VITICOLA)

Zuerst sind auf den Blattoberseiten die sogenannten „Ölflecken" zu sehen, dann auf den Blattunterseiten ein weißer Pilzbelag. Befallene Beeren trocknen ein.

Vorbeugend: Allgemeine Maßnahmen wie oben beschrieben.

Außerdem: Triebe gut aufbinden und schneiden. Blätter sorgfältig kompostieren.

Monilia an Kernobst
(MONILIA FRUCTIGENA)
an Steinobst
(MONILIA LAXA)

Wie alle Pilzkrankheiten ist die Monilia auf Konstitutionsschwächen der Pflanze zurückzuführen. Deshalb vorbeugend den Humusgehalt des Bodens steigern und für ein reiches Regenwurmleben sorgen.

Der Pilz überwintert als Pilzmyzel in alten Blütenständen und in Fruchtmumien (verdorrten oder verfaulten Früchten des Vorjahres). Er wird durch Wind, Regen und Insekten auf Blütennarben oder verletzte Früchte übertragen. Die Sporen keimen rasch aus.

Die Monilia zeigt zwei verschiedene Krankheitsbilder: die Spitzendürre, vor allem bei Sauerkirsche, Aprikose, seltener an Apfel und Pfirsich, dann die Fruchtfäule bei Kern- und Steinobst.

Durch den Pilzbefall werden die Leitungsbahnen des Gewebes blockiert. Die Ernährung dieser Partien funktioniert nicht mehr, so daß sie welken und absterben. Blüten und Früchte bleiben aber oft monatelang vertrocknet am Baum hängen. Befallene Früchte zeigen bräunliche Flecken mit gelbbraunen konzentrischen Ringen. Früchte, die erst später befallen werden, verfärben sich während der Lagerung glänzend braunschwarz.

Monilia an einer Birne mit den typischen Ringen.

Vorbeugend: bei zu dichtem Fruchtbesatz ausdünnen. Früchte trocken und behutsam ernten. Schorf und tierische Schädlinge abwehren, um Verletzungen und damit die Pilzausbreitung zu verhindern. Meerrettich auf die Baumscheibe pflanzen. Bei verregneter Blüte direkt mit Meerrettichblätter- und Meerrettichwurzeltee in die Blüte spritzen, um die Sporen am Keimen zu hindern. Zur Boden- und Pflanzenstärkung Hornmist- und Hornkieselpräparat zu den angegebenen Zeiten ausspritzen. Schachtelhalmjauche mit einem Tonerdemehl von Ende September bis Dezember in Obstbäume spritzen. Vorbeugend und bei Befallgefahr Schafgarbenkaltwasserauszug, Zwiebelschalenbrühe, Knoblauchtee, Schachtelhalmjauche oder Equisan einmal pro Woche spritzen. Während der Blüte zweimal wöchentlich Bio-S-Spritzungen. Nach dem Blattfall, vor dem Spritzen im Herbst, Bäume von dürren Ästen, Wasserschoßen und Fruchtmumien befreien.

Mosaikkrankheit
siehe Viruserkrankungen

Obstbaumkrebs
(NECTRIA SP. und GLOEOSPORIA SP.)

Die Pilze befallen Kern- und Steinobst über die Knospen, die Gewebeöffnungen und über Verletzungen im Holz, vor allem in niederschlagsreichen Jahren. In den Verletzungen im Holz sind im Winter rote, im Sommer weiße Pilzpusteln sichtbar. Die Pilze zerstören Bast und Kambium. Die Rinde löst sich. Der Baum versucht, die Wunde zu überwachsen. Charakteristisch sind eingesunkene, abgestorbene Rindenpartien mit aufgesprungener Oberfläche, außerdem oft starke Wucherungen.
Auch unterirdisches stehendes oder strömendes Wasser kann die Ursache sein.
Vorbeugend: Nässestau im Boden und Überdüngung vermeiden. Zur durchgreifenden Boden- und Pflanzenpflege Hornmist- und Hornkieselpräparat, von September bis Dezember Equisan oder vergorene Schachtelhalmjauche spritzen, auch das ganze Jahr (sobald frostfrei) alle 3 Wochen an 3 aufeinanderfolgenden Tagen nachmittags. Winterspritzung mit einem Tonerdemehl (5%) und Wasserglas oder mit Preicobakt. An wasserreichen Standorten nur widerstandsfähige Sorten anbauen. Verletzungen der Rinde vermeiden.

Krebs am Ast eines Apfelbaumes, in diesem Fall durch unterirdisch fließendes Wasser verursacht.

Bei Befall: Wunden sorgfältig ausschneiden und danach mit Wundsalbe verschließen. Bei hartnäckigem Befall ganze Äste 15 cm unterhalb der Wunde absägen. Werkzeug desinfizieren.

Rost

Bohnenrost
(UROMYCES SSP.)

Die Sporen dieses Pilzes, der auf nicht geernteten Pflanzen überwintert, werden vom Wind weitergetragen. Triebe, Blätter und Schoten (Hülsen) an Bohnen, vor allem Stangenbohnen, werden besonders bei feuchter Witterung befallen. Der Schaden – braunschwarze Verfärbungen durch Pilzbefall – beginnt an den Unterseiten der Blätter und breitet sich dann auf Stengel und Schoten aus.

Auf den Oberseiten der Blätter sitzen gelbliche Sporenhäufchen.

Vorbeugend: Sortenwahl. Pflanzen weit genug setzen. Gesteinsmehlgaben. Hornmist- und Hornkieselpräparat anwenden. Von September bis Dezember Beete mit Schachtelhalmbrühe spritzen. Gefährdete Jungpflanzen mit Schachtelhalmbrühe oder Equisan-Lösung überbrausen. Rainfarnbrühe wiederholt in regelmäßigen Abständen bei Befallgefahr und vorbeugend spritzen.

Bohnenstangen desinfizieren mit 3% Kupfersulfat.

Gitterrost
(GYMNOSPORANGIUM SABINAE)

Auch dieser Pilz hat Zwischenwirte: einige Wacholderarten mit Ausnahme des Gemeinen Wacholders (JUNIPERUS COMMUNIS). An den Wacholderzweigen entstehen längliche Verdickungen. Im April bilden sich an den Verdickungen hellbraune Sporenzäpfchen, die bei nassem Wetter gallertartig werden. Nachdem dieser Sporenschleim wieder eingetrocknet ist, gelangen die Sporen mit dem Wind auf feuchte Birnbaumblätter, wo sie in das Gewebe einwachsen und die Assimilation beeinträchtigen. Auf den Birnbaumblättern bilden sich orangegelbe Flecken, auf den Unterseiten im Herbst Höcker, die von faserartigen Gittern überzogen sind.

Vorbeugend: Wacholder beobachten. Verdickungen sorgfältig herausschneiden, bis 10 cm ins gesunde Holz. Gallertartige Pilzhäufchen an Wacholderzweigen im April mit 100 g Bio-S auf 10 l Wasser spritzen. 10 g Algifert auf 10 l Wasser, wie alle Spritzlösungen mit Alginure-Schutzspray angereichert spritzen. Schachtelhalmjauche und Equisan vorbeugend und direkt spritzen, auch auf Wacholder. Birnlaub gegen Sporenflug im Juni mit Bio-S zweimal nacheinander im Abstand von 1 Woche spritzen. Mit Korallalgenkalk stäuben.

Johannisbeerrost, Säulchenrost
(CRONARTIUM RIBICOLA)
Die Sommersporen entwickeln sich auf Schwarzen-Johannis- und Stachelbeersträuchern, die später entstehenden Wintersporen siedeln auf die Triebe von Kiefern über, die sich durch den Befall spindelartig verformen (aufrauhen) und mit orangefarbenen Häufchen bedeckt sind. Im übernächsten Jahr werden wieder Johannis- und Stachelbeersträucher befallen. Ab Juli entstehen auf gelben Flecken an den Unterseiten der Blätter winzige gelbe Häufchen. Die Blätter fallen frühzeitig ab. In der Regel gibt es aber keinen nennenswerten Schaden.
Vorbeugend: Johannis- und Stachelbeersträucher nicht in der Nähe von Kiefern anpflanzen. Wermut beipflanzen; auf 4 bis 5 Johannisbeersträucher 1 Staude. Schach-

Johannisbeersäulchenrost.

telhalmbrühe, Equisan oder Bio-S zwei- bis dreimal vor und nach der Blüte spritzen. Rainfarnbrühe in den gleichen Abständen spritzen. Wermuttee spritzen.

Rosenrost
(PHRAGMIDIUM SUBCORTICIUM)
Gelbe Sporenhäufchen auf der Unterseite der Blätter werden im Herbst schwarz; auf der Oberseite entstehen gelb-orangefarbene Flecken. Die kranken Blätter fallen ab.
Maßnahmen: abgefallene Blätter entfernen. Knoblauch zwischen Rosen pflanzen. Zu Beginn des Rosenaustriebs Rosen mit Zwiebelschalenbrühe gut überbrausen. Rainfarnbrühe wiederholt spritzen. Der Milchsaft des Milchlattich (MULGEDIUM TATARICUM) wirkt gegen Rosenrost.

Zwetschgenrost
(TRANZSCHELIA DISCOLOR)
Dieser Pilz hat als Zwischenwirt verschiedene Anemonenarten, auf denen er als Myzel überwintert und von wo aus er die Blätter von Zwetschge (Pflaume), bisweilen Pfirsich, Aprikose und Mandel, befällt. Die im Herbst entstehenden schwarzen Wintersporen keimen im folgenden Frühjahr auf Anemonen aus und greifen dann erst 1 Jahr später wieder auf die Obstbaumblätter über. Auf der Blattoberseite bilden sich gelbe Flecken, auf der Unterseite braune Pilzhäufchen. Die Blätter welken, sterben und fallen ab.
Vorbeugend: die gleichen allgemeinen Maßnahmen wie bei den anderen Rostkrankheiten.

Rußtau
Der schwärzliche Belag entsteht durch Pilzbildung auf dem „Honigtau" der Blatt-, Wurzel- und Schildläuse, beispielsweise der Weißen Fliegen. Betroffen sind Kernobst, Steinobst, Bohnen, Gurken, Melonen, Karotten, Kohlpflanzen, Salat und Tomaten.
Vorbeugend: Abwehrmaßnahmen gegen Läuse.

Rutenkrankheit
(DIDYMELLA APPLANATA, LEPTOSPHAERIA CONIOTHYRIUM)

Verschiedene Pilze, die an befallenen Ruten überwintern, verursachen die Krankheit an verletzten Stellen, meist zusammen mit der Himbeergallmücke. An den Ruten, vor allem in Knospennähe, finden sich bräunlichrote bis rotviolette Verfärbungen, an den unteren Partien hellere Flecken. Die befallenen Partien platzen auf und vertrocknen. Im folgenden Frühjahr treiben die befallenen Himbeerpflanzen schlecht oder gar nicht aus.

Vorbeugend: Als Waldpflanzen brauchen Himbeeren sauren Boden. Sägemehlkompost mit geringem Kalkzusatz oder Rindenhumus geben, aber keinen Torf, da er den Boden ohnehin zum Austrocknen bringen kann. Keine triebige Düngung. Gute, gleichmäßige Bewässerung. Ruten bei der Arbeit nicht beschädigen. Nach der Ernte gut zurückschneiden. Gesunde Jungpflanzen nicht zu dicht setzen. Hornmist- und Hornkieselpräparat spritzen. Ab Ende September bis Dezember Schachtelhalmjauche und Equisan, in Abständen von 3 Wochen auch das ganze Jahr hindurch (sobald frostfrei) an 3 aufeinanderfolgenden Tagen nachmittags. Brennessel- und Kamillenbrühe spritzen. Herbst- und Frühjahrsspritzung mit Tonerdemehl (5%) und Wasserglas (2%) oder mit Preicobakt.

Bei Befall: erkrankte Ruten ausschneiden und entfernen. Bei hartnäckigem Befall den Standort wechseln.

Schorf

Apfelschorf
(VENTURIA INAEQUALIS)

Birnenschorf
(VENTURIA PIRINA)

Der Pilz überwintert auf Blättern am Boden. Durch Regen und Wind werden die Sporen auf die Bäume getragen, wo sich der Pilz unter der Oberfläche der befallenen Organe – zuerst unsichtbar – entwickelt, dann die Sommersporen entstehen läßt: Die Sporenlager bilden die charakteristischen braunen Verfärbungen.

Der Befall ist bei feucht-warmer Witterung besonders stark, er kann aber auch erst bei der Lagerung der Früchte als Lagerschorf sichtbar werden. An den Blättern und Früchten von Apfel, Birne, bisweilen Pfirsich, entstehen zuerst grünliche, später grauschwarze Flecken, auf der Oberseite der Blätter beim Apfel, auf der Unterseite bei der Birne. Durch den Schorf aufgerauhte Stellen und Risse begünstigen den Befall durch Fäulnispilze. Blattfall und Spitzendürre sind ebenfalls Folgen von Schorf. Auf früh von Schorf befallenen Früchten bilden sich Höcker. Bei Lagerschorf (Spätschorf) schrumpfen die Früchte während der Lagerung. Pilzbefall läßt sich für das gleiche Jahr nicht rückgängig machen, daher ist die Vorbeugung so wichtig.

Vorbeugend: gut schneiden, sonst wird das Blattwerk zu dicht. Luftigen Standort wäh-

Apfelschorf an einem Blatt.

Apfelschorf.

len. Sortenwahl: Boskop und James Grieve sind nicht so anfällig. Bei Gefahr Fallaub kompostieren; Baumscheibe statt dessen mit gutem Kompost bedecken, darauf Stroh geben oder: Gründüngungspflanzen auf die Baumscheibe säen, später als Mulchdecke liegen lassen. Düngung mit Rizinusschrot unter den Bäumen wirkt pilzhemmend. Mit Hornmist- (Stamm, Äste, Boden) und Hornkieselpräparat (Laub, zu den vier angegebenen Zeiten) spritzen. Brennesseljauchespritzungen in regelmäßigen Abständen wirken pflanzenstärkend. Mit Schachtelhalmjauche (pro Baum 10–20 l) oder Equisan-Lösung regelmäßig das ganze Jahr hindurch (sobald frostfrei) spritzen. Allen Spritzungen ein Tonerdemehl als Haftmittel beigeben. Bio-S alle 8–14 Tage vor und nach der Blüte spritzen.

Kartoffelschorf
(STREPTOMYCES SCABIES)

Feuchte, sandige Böden oder solche mit überhöhtem Kalkgehalt begünstigen die Entwicklung des Pilzes, der in einem ausgewogenen Boden keine Schäden verursachen kann. Es bilden sich braune Flecken auf der Kartoffelknolle, die flach oder gewölbt sein können, auch kleine „Krater". Die Kartoffel läßt sich nicht lange lagern.

Als Vorbeugung gesunde Sorten und gesundes Saatgut verwenden. Keine großen Kalkgaben.

Sellerieschorf
(PHOMA APIICOLA)

Befall vor allem bei feuchter Witterung und feuchtem Boden. Übertragen wird Sellerieschorf durch Ernterückstände und durch den Samen. An den Knollen (Wurzeln) von Sellerie, bisweilen an den Wurzeln von Möhren, Petersilie und Pastinaken, an den Knollen von Fenchel zeigen sich graue, dann rötlichbraune Flecken. Durch die rauhe rissige Haut befallen die Krankheitserreger das Fruchtfleisch, so daß die Knollen entweder im Boden oder später während der Lagerung verfaulen. Dennoch keine nennenswerten Schädigungen.

Vorbeugend: Fruchtwechsel, keimfreie Anzuchterde verwenden. Heißwasserbeize. Sellerie später als üblich anpflanzen, verringert den Befall.

Bei Befall: kranke Pflanzen entfernen.

Kartoffelschorf.

Schrotschuß
(CLASTEROSPORIUM CARPOPHILUM)

Die Krankheit wird durch einen Pilz verursacht, der auf abgestorbenen Pflanzen überwintert. Auf den Blattunterseiten bei Steinobst, vor allem bei Kirsche und Pfirsich, sitzen dann die Sommersporen. Feuchtigkeit begünstigt den Pilzbefall. Auf den jungen Blättern entstehen kleine, runde, rötliche Flecken, trocknen später ein und bilden kleine, rot umrandete Löcher, so als hätte man die Blätter mit Schrot durchschossen. Die kranken Blätter vertrocknen und fallen vorzeitig ab. Es kann Gummifluß auftreten.

Vorbeugend: Hornmist- und Hornkieselpräparat spritzen, von September bis Dezember vergorene Schachtelhalmjauche oder Equisan; dann das ganze Jahr (sobald frostfrei) alle 2–3 Wochen an 3 aufeinanderfolgenden Tagen nachmittags. Zwiebel und Knoblauch auf die Baumscheiben pflanzen. Zwiebelschalenbrühe oder Knoblauchtee spritzen.

Bei Befall: kranke Blätter entfernen und kranke Triebe zurückschneiden.

Schwarzadrigkeit an einem Kohlblatt.

Schwarzadrigkeit in einem Kohlrabi.

zuchterde. Weite Fruchtfolge, 3 Jahre lang ohne Kreuzblütler.

Bei Befall: kranke Blätter und Pflanzen vernichten.

Schwarzadrigkeit
(XANTHOMONAS CAMPESTRIS)

Diese Bakterienkrankheit wird durch Insekten und Schnecken verbreitet. Sie befällt Kreuzblütler: Kohlpflanzen, Radieschen, Rettich, Rüben und Senf. Auf den Blättern bilden sich gelbe, pergamentartige Flecken, in denen die Adern schwarz gefärbt sind. Auch in Stielen und Stengeln sind die Gefäße verfärbt. Bei starker Erkrankung fallen die Blätter ab, junge Pflanzen gehen ein.

Vorbeugend: Samen nur von gesunden Pflanzen. Heißwasserbeize. Keimfreie An

Schwarzbeinigkeit, Keimlingskrankheiten
(PHYTIUM DEBARYANUM und andere)

Besonders bei verdichteten Böden, stauender Nässe und hoher Luftfeuchtigkeit befallen die Pilze Gurken, Kohlpflanzen, Salat, Tomaten und besonders in stark saurem Boden Zierpflanzen.

An der Stengelbasis bilden sich weiche, eingeschnürte Stellen, die rasch eintrocknen. Die Pflanze kann sich nicht mehr halten und fällt um. Besonders bei frühem Befall gehen viele Pflanzen ein.

Vorbeugend: keimfreie Anzuchterde verwenden. Dem Boden Reifekompost, Gesteins- und Tonerdemehl beimischen. Für die Pflanzen, die sauren Boden brauchen, Sägemehlkompost mit geringem Kalkzusatz – keinen Torf! – der Erde beigeben. Erde mit Schachtelhalmjauche oder Bio-S (Ledax-San) behandeln, Hornmist- und später Hornkieselpräparat spritzen. Gesundes Saatgut verwenden. Heißwasserbeize; Pflanzen nicht zu dicht setzen; frühzeitig vereinzeln. Sämlinge mit Schachtelhalmjauche, Equisan oder Algifert überbrausen. Wurzeln der Setzlinge in Lehmbrei, gemischt mit dem Hornmistpräparat oder gemischt mit Schachtelhalmjauche, tauchen. Fruchtwechsel.

Schwarzfäule und Sclerotiniafäule,

siehe Fäule

Sprühflecken-krankheit
(Cylindrosporium padi)

Die Pilzkrankheit befällt Kirschen, bisweilen auch Aprikosen und Zwetschgen, vor allem in nassen Sommern. Dann kann man an den Blattunterseiten die Sporen bemerken, die austrocknen und verhärten. Vor allem längs der Mittelrippen der Blätter entstehen runde, rotviolette Flecken.
Vorbeugend: die gleichen Abwehrmaßnahmen wie bei Schrotschuß.

Sternrußtau
(Marssonina rosae)

Auf den Blattoberseiten der Rosen sieht man kreisrunde, am Rand strahlenförmig auslaufende, braunschwarze Flecken, die sich rasch ausbreiten können. Die Blätter

fallen ab. Bei starkem Befall können sich die Rosen im darauffolgenden Jahr nicht genügend entfalten.
Vorbeugend: Knoblauch zwischen die Rosen pflanzen. Mehrfache Spritzung mit Equisan oder vergorener Schachtelhalmjauche an 3 aufeinanderfolgenden Tagen ab 15 Uhr im Abstand von 3 Wochen. Nach Blattabwurf Rosen zurückschneiden, mit Tonerdemehl (5%) und Wasserglas (2%) oder mit Preicobakt spritzen. Bei akuter Gefahr an 3 aufeinanderfolgenden Tagen nachmittags Bio-S (Ledax-San), Artanax oder Eco-Rosenspritzmittel spritzen.

Viruserkrankungen, Mykoplasmen

Viren, die im Saft der Pflanzen leben, sind die Erreger. Sie können durch Pflanzenteile, durch Insekten (Blattläuse) und im Boden durch Nematoden übertragen werden und kommen an vielen Pflanzenarten vor. Es kann zu Zwergwuchs und anderen Verformungen, zu verkrüppelten Früchten und Verfärbungen (hellen und dunklen Flecken im Blatt) kommen. Die Blätter von Blumen-

Sternrußtau an einem Rosenblatt.

kohl, Bohnen, Kartoffeln und Tomaten können mosaikartig hell-dunkel gescheckt sein (Mosaikkrankheit).
Vorbeugend: virusfreie Jungpflanzen setzen. Brennesseljauche, Rainfarn- und Wermuttee im Wechsel gegen Mosaikkrankheit 14tägig spritzen. Kranke Bäume zuletzt schneiden, gut reinigen. Überträger (Blattläuse) abwehren.
Bei Befall: kranke Pflanzen vernichten.

Welkekrankheiten
(Fusarium sp.
und andere)

Verschiedene Pilze, die schon mit dem Saatgut übertragen werden, verursachen besonders bei feuchtem, warmem Wetter die Welke an Erbsen, wobei die Pflanze oder Teile der Pflanze vergilben und verwelken und der Stengelgrund braunschwarz verfärbt ist.
Vorbeugend: Bodenpflege. Sortenwahl. Früh aussäen. Hornmist- und Hornkieselpräparat spritzen. Fruchtwechsel (4 Jahre aussetzen).
Befallene Pflanzen vernichten.

Bakterienwelke
(Corynebacterium michiganense)
Die Bakterien, die durch verletzte Pflanzen und Samen übertragen werden, vermehren sich im Pflanzengewebe von Paprika und Tomaten. Zuerst werden einzelne Blätter braun und welken, dann stirbt die ganze Pflanze ab. Auf den Früchten sind runde, eingesunkene Flecken mit weißem Rand.
Vorbeugend: gute Bodenpflege (Humus). Für Bodenfeuchtigkeit sorgen. Keimfreie Anzuchterde und gesundes Saatgut verwenden. Samen in 0,6% Eisessig (=98%ige Essigsäure) 24 Stunden desinfizieren. Tomaten rechtzeitig und behutsam ausgeizen. Fruchtwechsel; wenn nötig, 4 Jahre aussetzen.

Wurzeltöterkrankheit, Kartoffelpocken, Dry Cor
(Rhizoctonia)

Die Pilze überwintern auf den Kartoffelknollen und befallen dann die jungen Keime und Wurzeln. Schon an den Keimlingen können braune Flecken auftreten, Triebspitzen und Triebe sterben ab, die Stauden entwickeln sich schlecht. Die obersten Blätter sind stark eingerollt und hell verfärbt. Bei feuchtem Wetter entsteht am Stengelgrund aus rotbraunen Pilzfäden ein weißes Pilzgeflecht. An den Kartoffelknollen findet man pockenartige, schwärzliche Krusten und Löcher, die in der Mitte einen vertrockneten Pfropfen haben.
Vorbeugend: gute Bodenpflege. Gut vorgekeimtes, widerstandsfähiges Saatgut verwenden. Saatknollen in Lehmbrei, gemischt mit Hornmistpräparat oder gemischt mit Schachtelhalmjauche, tauchen. Nicht zu früh und nicht zu tief pflanzen. Hornmist- und Hornkieselpräparat spritzen. Equisan, Schachtelhalmbrühe oder Schafgarbenauszug an 3 aufeinanderfolgenden Tagen nachmittags im Abstand von 3 Wochen wiederholt sprühen. Pflanzen mit Korallalgenkalk und Gesteinsmehl stäuben. Knollen möglichst früh ernten. Fruchtwechsel.

Zwiebelhalsfäule
siehe Fäule

Bezugsquellen in alpha- betischer Reihenfolge

Abtei Fulda, Nonnengasse 16,
    D-6400 Fulda
Oskar Angst, Gryphiusweg 15,
    D-6800 Mannheim 31,
    (06 21) 78 42 39
Conrad Appel, Brandschneise,
    D-6100 Darmstadt
Auro GmbH, Postfach 1220,
    D-3300 Braunschweig,
    (05 31) 89 50 86
Ing. G. Beckmann KG, Simoniusstr. 10,
    D-7988 Wangen, (0 75 22) 41 74
Bio-Agrar, Herrmann Tränkle,
    Probststr. 31, D-7505 Ettlingen,
    (0 72 43) 1 40 95
Bio-Elemente Vertriebs-GmbH und
    Co KG, Kirchgasse 7, D-7101 Erlenbach,
    (0 71 32) 60 87
Bio- und Gartenmarkt Keller siehe Keller
Der Blühende Garten, Mühlstr. 39–43,
    D-7065 Winterbach (0 71 81) 70 81
Heinrich Bornträger, Postfach 3,
    D-6521 Offstein
Bromet GmbH, Röntgenstr. 1,
    D-8870 Günzburg, (0 82 21) 3 00 61
Bund für Umwelt und Naturschutz
    Deutschland e.V., Geschäftsstellen:
    Erbprinzenstr. 18, D-7800 Freiburg;
    Rotebühlstr. 84/1, D-7000 Stuttgart
Ernst-Otto Cohrs, Postfach 11 65,
    D-2720 Rotenburg/Wümme,
    (0 42 61) 31 06
Corna Werk, Wölper GmbH und Co,
    Erbacher Str. 41, Postfach 42 67,
    D-7900 Ulm-Donautal,

(07 31) 4 30 49, (Oscorna)
Deutsche Vegetarier-Zentrale, Postfach 9,
    D-6443 Sontra
Eisenia, Kapellenstraße 25,
    D-6200 Wiesbaden (0 61 21) 5 92 76
Ludwig Engelhart, Sylvensteinstr. 14,
    D-8000 München 70, (0 89) 76 40 02
Forschungsring für biologisch-dynamische
    Wirtschaftsweise, Baumschulenweg 9,
    D-6100 Darmstadt
Heinrich Geisel, Ludwigstr. 70,
    D-8510 Fürth
Der grüne Baum, Alte Hattinger Str. 15,
    Postfach 10 17 65, D-4630 Bochum 1
Hauri KG, Sonnhalde 6,
    D-7805 Bötzingen/Kaiserstuhl,
    (0 76 63) 10 51/52/53
Hako-Werke, Abt. PH 33, Postfach 1444,
    D-2060 Bad Oldesloe, (0 45 31) 806-1
Hindermann Gartenteichfolien,
    Postfach 12 25, D-4795 Delbrück,
    (0 52 50) 78 91
Humuswerk Barbecke GmbH,
    Hauptstr. 37,
    D-3325 Lengede OT. Barbecke,
    (0 53 44) 22 37
Institut für biologisch-dynamische
    Forschung, Brandschneise 5,
    D-6100 Darmstadt, (0 61 55) 26 73
Institut für Gemüsebau der
    Versuchsanstalt für Gartenbau
    (FH Weihenstephan), Lang Point,
    8050 Freising 12
Kama siehe Mahle
Bio- und Gartenmarkt Keller,
    Inh. Albert Kiefer, Konradstr. 17,
    D-7800 Freiburg
Kerscher Import, Postfach 85,
    Weinbergstr. 22, D-8490 Cham/
    Bayern, (0 99 71) 15 58 und 91 87
Werner Kimmerle, Uhlandstr. 22,
    D-7441 Neckartenzlingen,
    (0 71 27) 3 10 83
Karl Kockskämper, Ruthstr. 24,
    D-4300 Essen
Kompost-Service, Postfach 31 40/R,
    D-7302 Ostfildern 4
Ledax-Gartenbausystem, Ledona-Vertrieb
    Urban Schubert, D-7967 Bad Waldsee

Livos, Neustädter Str. 23–25,
  D-3123 Bodenteich, (0 58 24) 13 44
Mack, Bio-Gartenbedarf, Bahnhofstr. 168,
  D-7012 Fellbach, (07 11) 58 20 60
Mahle Dünger GmbH, Postfach 27 24,
  D-7100 Heilbronn, (0 71 31) 1 08 68
  (Kama)
Jan Mertens B. V. Vergelt 3
  NL-5991 P. J. Baarlo (L.)
  Telefon: 00 31-47 07-16 06
Messerschmidt KG, Aulenbachstr. 22,
  D-7320 Göppingen-Jebenhausen,
  (0 71 61) 4 33 11
Mikrobiologisches Laboratorium,
  D-6348 Herborn, (0 27 72) 25 26
Möschle, D-7601 Ortenburg/Baden,
  (07 81) 3 40 21
W. Neudorff GmbH KG,
  D-3254 Emmerthal
Plastoplan,
  D-2355 Ruhwinkel-Wankendorf,
  (0 43 23) 65 31
Ilmar Randuja, Ekkart Hof,
  CH-8574 Lengwil (Saatgut)
H. Reinert, Gerätebau,
  D-8821 Weidenbach-Triesdorf
Horst Richter, Zellerstr. 51,
  D-7311 Ohmden/Teck
Rotocrop siehe Varley
Schäfer Shop GmbH, Postfach 720,
  Industriestraße, D-5240 Betzdorf/Sieg
Carl Sperling und Co, Postfach 26 40,
  D-2120 Lünbeburg
Stäbler GmbH, D-7321 Adelberg
Horst Sudau, Dietinger Str. 42,
  D-7906 Blaustein-Markbronn

Tetra Werk, D-4520 Melle,
  Postfach 15 80, (0 54 22) 10 51
Thun, Maria, Verlag Aussaattage,
  Postfach 14 46, D-3560 Biedenkopf/
  Lahn
Tilco Biochemie GmbH, Postfach
  70 04 30, D-7000 Stuttgart 70,
  (07 11) 7 80 00 76
Klaus R. Töllner, Rappeneckstr. 4,
  D-7808 Waldkirch
Firma Tubag, D-5473 Kruft,
  (0 26 56) 60 61
Umweltstiftung World Wildlife Fund
  Deutschland, Bockenheimer Anlage 38,
  D-6000 Frankfurt
Varley GmbH, In der alten Mühle,
  D-7851 Inzlingen, (0 76 21) 8 20 00;
  Maulbeerstr. 15, CH-4058 Basel,
  (0 6 1) 26 68 68
Viking, Vertretung und Information über
  weitere Vertretungen:
  Stihl-Dienst Hans GmbH,
  Berliner Str. 254, D-6200 Wiesbaden,
  (0 61 21) 71 93 49;
  Stihl KG, D-6110 Dieburg
Ludwig Wege und Co, Postfach 20,
  D-3553 Cölbe/Lahn, (0 64 21) 8 10 04
Weltbund zum Schutz des Lebens,
  Bundesverband Deutschland e.V.,
  Bretthorststr. 221, D-4973 Vlotho
Wolf-Geräte GmbH Vertriebsgesellschaft
  KG, D-5240 Betzdorf/Sieg
Rijk Zwaan GmbH, Postfach 34,
  D-4777 Welver

Bezugsquellen-Sach-verzeichnis

Abflammgeräte
Geisel, Sudau, Reinert

Abstützwall
(bei steilen Böschungen)
Firma Tubag: tuball-Wall

Baumschulen
Appel, Kerscher

Bewässerung
Cohrs, Keller: Biosmon (Mineralsalz-gemisch zur Verbesserung des Wassers)

Bewurzelungsförderung
Cohrs, Der grüne Baum, Keller, Richter: SPS
Keller, Neudorff: Neudofix
Tilco Biochemie: Alginure Bodengranulat, Alginure Wurzel-Dip (zusammen gegen Verbrennungen an den Wurzeln wegen zu hoher Nährstoffkonzentration, gegen Verpflanzschock)
Ledax: Ledax-mikrob
Kerscher: Wirkstoff C 779
Corna-Werk: Oscorna-Wurzelstärkung

Bodenstabilisierung, -verbesserung und Erosionsschutz
Keller, Neudorff: Biofort Typ S (Durch-lüftung schwerer Böden), Biofort Typ L (für Wasserspeicherfähigkeit bei leich-ten Böden)
Tilco Biochemie: Alginure Bodengranulat (Beseitigung von stauender Nässe; Beheben von Verschlämmen und Ver-krusten; Bodenlockerung in der Tiefe; gegen Verwehen und Auslaugen bei sandigen Böden; Festhalten der Mutterbodenkappe am Steilhang; Schutz des aufgemieteten Bodens vor Kollaps; Erosionsschutz)
Humuswerk Barbecke: Edaphon Rinden-mulch, Edaphon Waldhumus (Rinden-humus)
Keller, Mack: Rinden-Humus (Forestina-Humus, gegen Verkrustung und Erosion)
Kerscher: Wirkstoff C 779 (gegen stauende Nässe; alle Nährstoffe werden gespeichert und bedarfs-gerecht an die Pflanzen weiter-gegeben)
Firma Tubag: tuball-Wall

Bodenuntersuchungen
Cohrs, Keller, Neudorff, Richter: Kalkprüfer Calcitest
Keller, Kerscher: Pehameter (zur Messung des pH-Wertes)
Keller: Bodenthermometer, Bodentester Sudbury (Stickstoff, Phosphorsäure, Kali, pH-Wert)

Gartengeräte
Cohrs, Engelhart, Der grüne Baum, Geisel, Keller, Mack, Richter: Sauzahn (S.-Z. Wühler), Eschenstiel für den Sauzahn
Bio-Elemente-Vertrieb, Cohrs, Keller: Gartengeräte aus Kupfer
Hako-Werke, Wiesenmäher

Gartenteichprogramm
Hindermann
Plastoplan
Tetra-Werk

Gewächshäuser, Frühbeete, Abdeckfolien und Folientunnel
Beckmann, Der Blühende Garten, Messer-schmidt, Stäbler: Gewächshäuser, Frühbeete, Abdeckfolien
Beckmann, Stäbler: Folientunnel
Zwaan: Agryl P17, Schutz- und Abdeckvlies

Gründüngung (Bodenbedeckung, gleichzeitig Unkrautbekämpfung)

Cohrs, Keller, Richter, Sperling: Gelbsenf-Saat, Rotenburger Kombi-Gemenge (Leguminosen-Mischung zur Stickstoffbindung)

Häcksler (Schredder)

Der Blühende Garten, Keller, Rotocrop, Varley: Häcksler mit Handbetrieb
Keller, Kompost-Service, Mack, Neudorff, Schäfer Shop GmbH, Tilco Biochemie, Varley, Wolf: Häcksler mit Elektro- oder Benzinmotor
Möschle: Elektrohäcksler mit Hammerwerk
Viking: Alleshäcksler (Elektro- oder Benzinmotor) mit Vorschneider und 3 zusätzlichen Schneidmessern

Haftmittel

Cohrs, Keller, Mack, Richter: Pflanzenpflegeseife
Keller, Mack: NA-Wasserglas

Holzrührfässer

Sudau

Holzschutz (ohne Schadstoffe, für Kompostkästen, Zäune, Frühbeete)

Cohrs, Der grüne Baum, Keller, Livos

Keimen

Bio-Elemente-Vertrieb: »bio snacky« Keimgerät, Biokraft-Gießmittel für das Keimgerät
Wolf: EB Wolf-Keimbox

Kompostiermittel

Cohrs, Der grüne Baum, Keller, Mack, Richter: Eco Composter
Corna-Werk, Keller: Oscorna Kompostbeschleuniger

Keller, Tilco Biochemie: Eokomit (Bakterienkulturen zur Humusbereitung)
Abtei Fulda, Keller: Humofix-Kompostpräparat
Engelhart, Tilco Biochemie: Alginure Kompostpulver, Alginure Kompost-Paste, Alginure Kompost-Fix
Mikrobiologisches Laboratorium: Symbioflor (Bakterien zur Humusbildung)
Keller: Bio Komposter, Radivit Flächenkomposter
Varley: Fertosan Bio-Kompost-Aktivator, Rotocrop Quickrich Kompost Aktivator
Ledax: Ledax-kompost (organischer Kompost-Beschleuniger, Bakterien-, Pilzkulturen)
Mahle (Kama): Kompost-Zünder orgarott (Bakterien, Pilze, Hornmehl, Ionenaustauscher Tonerden)
Tetra-Werk: Edafil (Bodenbakterien zur Humusbildung)

Kompostsilos und -säcke

Bromet, Der Blühende Garten, Keller, Kompost-Service, Mack, Rotocrop, Tilco Biochemie, Varley, Wege: Kompostsilos (Holz, Metall, Kunststoff)
Bromet, Keller, Kompost-Service, Mack, Neudorff, Tilco Biochemie: Kompostsäcke
Der Blühende Garten: Durchwurfsieb

Kuhhörner

Keller: Kuhhörner (offen) zur Präparatezubereitung

Luftstickstoffbindung und Biobakterien

Richter, Keller: Luftstickstoffbindende Bakterien, Azotobacter-Bakterien-Kulturen, verschiedenste Präparate, Gelbsenf-Saat, Rotenburger Kombi-Gemenge
Keller, Neudorff: AZ-Lanze (zum Ausbringen aller Azet-Bodenimpfmittel),

Tomaten Azet (für Tomaten, Gurken und andere Gemüsepflanzen)

Tetra-Werk: Edafil (Bodenbakterien zur Humusbildung)

Mikrobiologisches Laboratorium: Symbioflor (Bakterien zur Humusbildung)

Mineralische Düngemittel (Gesteinsmehle, Korallalgenkalk u. a.)

Bio-Agrar, Der Blühende Garten, Cohrs, Engelhart, Keller, Mack, Richter: Algomin (Korallalgenkalk)

Cohrs, Der grüne Baum, Keller, Neudorff, Richter: Bentonit

Cohrs, Keller, Mack, Richter: Algen-Phosphat, Luzian-Steinmehl

Der Blühende Garten, Hauri, Keller: Hauri Vulkangesteinsmehl

Keller, Neudorff: Biofort Typ L (für leichte Böden), Biofort Typ S (für schwere Böden)

Keller: Naturphosphat Gafsa, Eifelgold Urgesteinsmehl, Eifelgold Granulat

Neudorff: Urgesteinsmehl

Engelhart: Basaltmehl

Ledax: Ledax-pro Sol (Mineralmehl für trockene, sandige Böden), Ledax-pro Ton (Mineralmehl für feuchte, lehmige Böden)

Mahle (Kama): Orgamin (organisch-mineralischer NPK-Dünger)

Obstbaumpflege

Cohrs, Engelhart, Der grüne Baum, Keller, Richter: Preicobakt (für den Stammanstrich von Obstbäumen im Frühjahr und Herbst, zum Spritzen, vorbeugend gegen Schädlinge und Krankheiten)

Cohrs, Keller, Mack, Richter: Promanal (Weißöl, Frühjahrsspritzmittel gegen überwinternde Schadinsekten) Eco-Pflanzenpflegeseife (zur besseren Haftfähigkeit aller Spritzbrühen), Lacbalsam (für alle Wund- und Veredlungsstellen)

Richter, Keller: Quast (zum Anstreichen von Preicobakt)

Keller, Neudorff: Fix-Fertig Raupenleimring

Keller: Quassia-Holz (biolog. Spritzmittel gegen Sägewespe und andere Schädlinge), Kirschfruchtfliegenfalle, Bio Baumanstrich (gegen Schädlingsbefall), Lacbalsam Veredlungsband, Winterspritzmittel Promanal (gegen Schildläuse und andere Schadinsekten)

Neudorff: Wundwachs, Baumwachs

Ledax: Ledax-stamm (für Stammanstrich und Winterspritzung)

Obstpflücker

Der Blühende Garten: Obstpflücker »Baumgiraffe« mit Teleskopstange, Baumsäge, Zweigabschneider

Ökodach (Dach zum Bepflanzen)

Plastoplan

Organische pflanzliche und tierische Dünger, Mischdünger (mit Zusatz von Korallalgenkalk, Gesteinsmehlen usw.)

Cohrs, Engelhart, Der grüne Baum, Keller, Mack, Richter: Polymaris Universal (Heil-, Wildkräuter, Nordmeeralgen, organische Dünger)

Cohrs, Der grüne Baum, Keller, Mack, Richter: Algifert Spritzpulver, Algifert Flüssigextrakt (Meeresalgen), Eco-Vital (Horn-, Knochen-, Blutmehl, Algen-, Stein-, Tonmehl, Kräuter), Eco-Vital S (ohne Kalk)

Der Blühende Garten, Cohrs, Keller, Richter: Rizinusschrot

Bio-Agrar, Cohrs, Keller, Mack, Richter: Super-Stallatico (Schaf-, Pferde-, Rinderdung kompostiert)

Cohrs, Engelhart, Keller, Mack, Mahle (Kama): Hornspäne

Cohrs, Engelhart, Keller, Mack, Richter: Buchenholzkohlengries (kalireich, pilzhemmend), Knochenmehl

Cohrs, Keller, Mack, Richter: Eco-Brennesselpulver, Eco-Schachtelhalmpulver, Eco-Schachtelhalmschnitt (zur Herstellung von Pflanzenjauchen); California Trockenrinderdung

Cohrs, Engelhart, Mack, Mahle (Kama): Hornmehl

Engelhart, Keller: Blutmehl

Keller, Mahle (Kama): Horngrieß

Corna-Werk, Keller: Oscorna Animalin (Mischdünger, Horn-, Blutmehl), Oscorna organisch speziell für Erdbeeren, Oscorna speziell für Rosen, Oscorna speziell für Nadelgehölze, Oscorna naturreiner Blumendünger mit Hornmehl, Oscorna Rasendünger Oscornaflor

Cohrs, Richter: Eco-Blumendünger

Keller, Neudorff: Biotrissol (Flüssigdünger für Zierpflanzen), AZ-Kalk (Bodenaktivator mit Azotobacter-Bakterien, Düngekalk, Torf)

Kimmerle, Richter: Spezial-Mist-Kompost (nach der Beratung durch den Forschungsring für biologischdynamische Wirtschaftsweise)

Richter: Heco-Organ, vollorganischer NP-Dünger

Engelhart: Horn-, Knochen-, Blutmehl und Frischblut; Engelharts Gartendünger auf organischer Grundlage, mit Frischblut; Engelharts Meeralgendünger

Cohrs: Knochenschrot

Keller: Horn-, Knochenmehl, Cuxin 90 (Hühnerdung kompostiert), Kutomin (2/3 Kuhdung, Bentonit, Algomin u. a.), Mistkompost, Peru-Guano, Rinden-Humus (Forestina-Humus)

Mahle (Kama): Orgahum, gekörnter Stalldung; Sanguano

Ledax: Ledax-wuchs, organischer Stickstoffdünger

Kompost-Service: Eokomit-Rosendünger, Eokomit flüssig (für Blattpflanzen, für Blütenpflanzen)

Pflanzenförderungsmittel, Blattdüngung, Mittel zur Vorbeugung gegen Schädlinge und Pflanzenkrankheiten

Cohrs, Engelhart, Der grüne Baum, Keller, Mack, Richter: Artanax (biologisches Spritzmittel auf Phytonzid-Basis, vorbeugend gegen Pilzkrankheiten und Schadinsekten), Algifert Spritzpulver, Algifert Flüssigextrakt (Konzentrat aus Meeresalgen zur biologischen Blattdüngung), Bio-S (biologisches Spritzmittel zur Vorbeugung von Pilzkrankheiten), Polymaris Universal (Flüssigdünger aus Heil- und Wildkräutern, Nordmeeralgen, vorbeugend gegen Schädlinge und Pilzkrankheiten)

Cohrs, Der grüne Baum, Keller, Mack, Richter: SPS (natürliches Pflanzenpflegemittel, bewurzelungsfördernd), Eco-Erdbeersspritzmittel, Eco-Rosenpflegemittel, Tannalgin (vorbeugend gegen Pilzkrankheiten und Schadinsekten, für Koniferen, Rhododendron und andere Immergrüne)

Cohrs, Engelhart, Keller, Mack, Richter: Eco-Schachtelhalmpulver, Eco-Brennesselpulver (zur Herstellung von Pflanzenjauchen)

Cohrs, Keller, Mack, Richter: Baldrian-Blütenextrakt (für verstärkte Blütenbildung), Etermut (biologisches Streumittel gegen Möhrenfliegen), Eco-min (Stäubemittel zur vorbeugenden Behandlung gegen Schadinsekten und Pflanzenkrankheiten, ausgenommen Azaleen, Rhododendron und andere Immergrüne), Buchenholzkohlengries (pilz- und fäulnishemmend), Schachtelhalm-Grobschnitt (Pflanzenjauchen)

Cohrs, Der grüne Baum, Keller: Eco-Blumendünger (aus Meeresalgen und Wildkräutern)

Engelhart, Tilco Biochemie: Alginure flüssig Schutzspray (gegen Welken und Verdunstung)

Tilco Biochemie: Alginure Bodengranulat (Humusversorgung), Alginure Wurzel-

Dip (beides im Zusammenwirken gegen Verbrennung der Wurzeln durch zu hohe Nährstoffkonzentration und gegen Verpflanzschock)

Cohrs, Der grüne Baum: Equisan (neu entwickeltes Heil- und Wildkräuterkonzentrat, auf der Basis von Schachtelhalm, sofort einsetzbar gegen Pilzkrankheiten)

Cohrs, Mack, Richter: Eco-Schachtelhalm-Schnitt (für Pflanzenspritzmittel)

Keller, Neudorff: Bio Blattspritzmittel (pflanzliches Pflegeöl gegen Pilzkrankheiten)

Engelhart, Keller: Rainfarnkraut (für Teeabsud, gegen Schädlinge und Pilzkrankheiten)

Keller, Mack: NA-Wasserglas (zur besseren Haftfähigkeit von Spritzbrühen)

Tilco Biochemie: Eokomit flüssig (für Blattpflanzen, für Blütenpflanzen, zur Gründüngung), Quassia-Holz (biologisches Spritzmittel gegen Sägewespe und andere Schädlinge)

Ledax: Ledax-rosal (zur Rosenstärkung), Ledax-plant (zum Spritzen und Gießen), Ledax-san (Vorbeugung gegen Mehltau, Schorf, Rost)

Regenwassersammler mit Regulierventil (Überlaufsicherung)

Beckmann

Regenwürmer

Oskar Angst: Tennessy-Wiggler (Regenwurmfarm)

Eisenia

Kockskämper (WUZ Wurmzuchtfarm), Töllner (ReFa Regenwurmfarm)

Kompost-Service

Mack

Sämereien und Pflanzen aus biologischem Anbau

Bornträger (Gewürzpflanzen, Kräutersamen), Deutsche Vegetarier-Zentrale, Geisel, Kerscher (Pflanzen), Mack, Randuja, Sperling

Spritzen für biologisch-dynamische Spritzpräparate (500 und 501)

Sudau

Zur Abwehr von Schädlingen und Pflanzenkrankheiten im akuten Stadium (siehe auch Obstbaumpflege)

Institut für Gemüsebau der Versuchsanstalt für Gartenbau (FH Weihenstephan): Raubmilben

Jan Mertens: Schlupfwespen- und Raubmilbenversand

Cohrs, Keller, Mack, Neudorff, Richter: Spruzit-Staub, Spruzit-Flüssigextrakt, Spruzit-Gartenspray (Pyrethrum-Präparate, Insekten- und Kaltblütergift, für Bienen unschädlich)

Cohrs, Keller, Mack, Richter: Dipel (Bacillus thuringiensis zur Raupenbekämpfung), Promanal (Weißöl, Frühjahrsspritzmittel gegen überwinternde Schadinsekten), Quiritox (pflanzlicher Köder gegen Wühlmäuse, giftig!) Eco-Ameisenstreumittel (auf Phytonzid-Wirkstoffbasis)

Keller, Neudorff: Bio-Gemüse-Streumittel, Bio-Myctan (Pyrethrum-Spray)

Ledax: Ledax-insekt (Konzentrat und Spray, Pyrethrum-Mittel)

Corna-Werk: Oscorna Insektenschutz (Pyrethrum)

Vogelschutz

Der grüne Baum, Keller

Zäune, Pergolen, Terrassen (überdacht), Hobby- und Geräteräume (Druckimprägnierung)

Collstrop-W. Gieseler

Register